La Cita

Modesto Zepeda Jr.

Título: *La Cita*
© Modesto Zepeda Jr.

ISBN: 9781501036859

Segunda Edición Noviembre 2017

Diseño de portada y contraportada: *HC Book Design*
Maquetación: *HC Book Design*

www.hcbookdesign.wixsite.com/hcbookdesign
www.facebook.com/HCBookDesign/
hcbookdesign@gmail.com

La Cita

*Quiero agradecer a mis seres más queridos
que tengo, a mi amada vidita Titita,
a mis padres, Alicia y Modesto,
a mis hermanos, Fernando y Ahmed,
a mis amados sobrinos, Tenoch y Frida,
a Tathiana, por su gran aporte en este libro,
a mis grandes amigas, Lala y Olga,
a todos mis lectores que día a día con sus co-
mentarios me acarician el alma,
a esas musas que me besaron,
a las que me mordieron, dando la suma a los
diferentes colores en La Cita,
y a todo aquel que está por leer La Cita,
que es un libro donde el lector encontrará en
algún poema su respectiva cita conmigo y jun-
tos daremos vida a ese momento cuando nos
encontremos cara a verso y nazca cada una de
las citas que aquí esperan.
Esta es la segunda edición de este poemario, el
cual incluye dos poemas extra:*

Mano de amor y Al final tú y yo

Modesto Iván Zepeda Jr.

Prólogos I y II

I

Palabras caídas en la arena;
Gozo, culposo, golpe, gemido, Galilea, Gólgota, Gomorra.

Palabras caídas en el mar:
Nenúfar, anémona, esperanza, encarnado, sediento, diadema,
ensueño, abismado.

Palabras caídas en la tierra:
Distancia, musgo, inhóspito, místico, ilusorio, silencio, es-
panto.

Palabras caídas en desgracia:
Nosotros, vosotros.

Palabras caídas:
Tú y Yo.

El mensaje que nos transmite el poeta Modesto Iván Zepeda Jr. es el de un mundo coloreado de vuelos que nos saca de lo mundano en una clara y alquímica invitación a mirar la misma realidad con otros ojos.

Las palabras, convertidas en poemas, cuentos, prosas, encontradas en el libro hablan de los sentimientos comunes a todos los mortales, tocando nuestras fibras más íntimas al leer sobre: Amistad, amor, sensibilidad, confianza, solidaridad, dolor, compañía, risas, llantos, café, soledad, compañía, desamor. Y consigue con su enorme sensibilidad y talento establecer la complicidad entre él y el lector.
En definitiva nos propone que vivamos intensamente para dejar el mundo mejor de como lo encontramos.

"Algún día estaré contigo,
estaremos juntos.
Algún día nos veremos de cerca,
cara a cara,
boca a boca,
corazón con corazón."
(Fragmento)

El libro que les presenta el autor consta de tres secciones: Azules Amarillos, Verdes Blancos y Negros Grises.
Con total convicción de que será del agrado de todos los que amamos la Poesía, los invito a descubrir su mensaje.

Dra. Olga Sain
Poetiza Argentina

II

"La poesía no se hace, nace sola…"

Modesto Zepeda Jr.

Parto entonces de la premisa del escritor mexicano Modesto Zepeda Jr., que estipula muy acertadamente que la poesía nace sola, para afirmar en vías de asegurar que este libro que tienes en tus manos, nació solo. Fue germinando en el vientre de este poeta desquiciado, tomando la forma de una mujer de múltiples colores, mujer que atraviesa cada pared de su alma y descansa en su conciencia. Fue concatenado entre los pasadizos de su pecho abierto a la vida misma. Fue creado en sus venas para liberar los colores más puros existentes bajo cada partícula de su esencia.

Esta joya literaria no es para leerse de un solo tirón, es para ser degustada lentamente, cual copa del más exquisito vino. Leerla es arriesgarse a perderse en los tragaluces de su musa, descubriendo que los colores tienen vida propia y gritan sin cesar para ser liberados en las líneas de un poema. Leerla es abrir el alma exponiendo la misma a un torbellino de emociones y sentimientos que van desde lo sacrosanto hasta lo más profano de la lujuria, solo porque así es la vida misma. Leerla es darse el lujo de desenmascarar la melancolía existente en la piel, abrir y desenmarañar la injusticia que hiere las rodillas, aferrarse al amor desquiciado. Leerla, sencillamente, es abrir una puerta a una dimensión extrasensorial, donde la poesía es la vida misma.

Modesto Zepeda Jr. ha escogido para éste, su primer hijo, aquellos poemas que lo definen. No ha dejado rasgo alguno de su vida sin desnudar en los mismos. Se ha sangrado en cada letra, palabra, línea, estrofa. Ha dejado expuesto lo más íntimo de su numen endrino de esa manera tan única que le ha denominado como Melancólico Desquiciado. Y es que éste gusta de la gente que le lee, gusta que le conozcan tal cual es. Es su transparencia y sencillez una de las características más extraordinarias de éste, y las refleja de manera muy genuina en cada una de sus piezas.

Viento Serena
Escritora Puertorriqueña

Índice

Poemas Verdes y Blancos

Poemas Negros y Grises

Modesto Zepeda Jr.

Poemas Amarillos y Azules

Modesto Zepeda Jr.

Sediento

Tu esencia penetra mis huesos y besa mi alma, me eleva a lo más alto de este amor por ti. Tu cara me da sed, una sed de besarla y de acariciarla.

Tu olor me enreda en la telaraña de tu cuerpo, en las curvas de tus caderas de Diosa y no deseo nada más que comer de ese fruto prohibido del enigma de tu ser.

Tus piernas son el paisaje más bello, una postal hermosa. De norte a sur me enciende navegar tu apetito por mi impudicia, por mis caricias sobre el lienzo de tu piel y tus ganas de mujer.

Tus miradas me pierden en el misterio de tus besos, esos besos que son una marea loca de pasión que no para de seducirme al mundo de nuestros cuerpos y esos deseos por nuestra carne.

Sabes a fruta madura, a una dulzura maldita que me embruja y me somete a estar siempre hambreado de ti, sediento de tus fantasías que estallan en el arrecife de nuestros cuerpos día a día, noche a noche, o donde las ganas lo pidan, amada mía y cómplice de nuestras vesanias.

Muy Pronto

Algún día estaré contigo,
estaremos juntos

Algún día nos
veremos de cerca,
cara a cara,
boca a boca,
corazón con corazón.

No llores más cariño mío,
no sufras más
que yo sufro el doble.
Sé fuerte por mí,
por los dos,
tú eres el pilar
que da fuerza
al templo
de mi fortaleza,
a ese templo
que no deja
entrar la tristeza.

No tardaré más,
ya lo verás,
muy pronto toda
esta distancia

quedará atrás,
te llenaré de alegrías
y mucha felicidad.
No te rindas ahora
que estamos
tan cerca
de erradicar
la distancia,
de llenarnos de besos
y cumplir nuestras
esperanzas.

No cierres la puerta
de la desesperanza,
que muy pronto
bajo la lluvia
tomaremos café
y nos olvidaremos
de toda esta nostalgia.

Tragedia

Son las tres y media de la mañana y sigo despierto, escribiéndote y pensándote, hace mucho frío pero yo no siento nada.

Son las tres y media de la mañana y la noche se arrastra, se hace larga, eterna, se burla sádicamente de mí sin piedad.

Son las tres y media de la mañana y el reloj no camina, es inmortal, detiene el tiempo a mi dolor en esta noche fría y sin amor.

Son las tres y media de la mañana y todo sereno, la vida duerme, los perros ladran y los gatos por las azoteas maúllan incansablemente.

Son las tres y media de la mañana y yo te espero, entre letras y versos moribundos como el whisky de mi vaso y este cigarrillo que muere lentamente como yo.

Son las tres y media de la mañana y tú todavía no llegas, estoy tan cansado, ya no sé si existes, si eres real o tan solo una tragedia que me ha jugado una partida desleal, a mi tan longeva soledad.

Son las tres y media de la mañana y nunca llegarías, en un tren de media noche de mis días te despedías, donde en otros brazos tu amor y felicidad, ya compartías.

Me perdí

Esos amores a escondidas
en los que yo me sacié,
momentos pintados de efímeros grises
desterrando mi soledad.
Los días de las flores,
de los jardines y besos en metálicas bancas,
esa cómplice oscuridad de un cine,
los helados, los paseos de la mano
llegaron a mí muy tarde.
Aquel amor de verano solo en canciones y sueños
lo viví, nunca lo conocí, encerrado en las noches con
amores pasajeros me perdí.

En lo más profundo

Anhelo la miel de tus carnosos y móviles rebordes exteriores.

Ansío el vino de tu lengua que despierta mis instintos animales dentro de mí, mis fantasías más pasionales.

Por medio de la seducción de un tierno y cálido ósculo, quiero saciarme del mar de tu boca, de sus ríos de ternura y dulzura.

Me quiero alimentar de tu calor, de tu aliento, de tu ardor de mujer.

Déjame transitar por el lago de tu alma de la mano de un candente y vibrante beso, un beso que abra paso a las pasiones más ordinarias que habitan en ti, a los apetitos que aguardan impacientemente en mi carne, y a la lujuria que habita en lo más recóndito de tu mente,en lo más profundo de nuestros corazones, musa mía.

Exasperados

Por fin probaste esas tortas de milanesa que tanto te platiqué, qué lindo fue ver tu cara disfrutando cada mordida de sabor que regalabas a la torta... tenía la esperanza de que dejaras un poco, pero no fue así, obviamente por razones de sabor la devoraste.

Nueve de la noche conduciendo por la ciudad de Los Ángeles, frío, demasiado frío, música, café, bien comidos, tonterías y más tonterías seguidas de risas y muchas risas, llenos de amor y felicidad, nos dejábamos consumir por la marea de luces y edificios, por ese bullicio pintoresco que te regala una urbe tan inmensa y hermosa.

Tu mano besaba la mía en completa desnudez, ellas no sabían que estaban desnudas y libres se besaban, se acariciaban, primero la tuya, luego la mía, y así sucesivamente hacían el amor.

Nuestros ojos no se quedaban atrás, igualmente desnudos y con miradas que gritaban te amo, te amo, te amo... se entrelazaban y bailaban en silenciosa armonía, disfrutaban y se besaban con miradas, miradas de amor, de pasión y ganas, muchas ganas. La noche era muy bella, bella como tú... miento, no tan bella, tú eres un universo de amor y de sublime belleza. La noche se consumía, el tiempo volaba como el de un preso que espera el amanecer para ser fusilado, pero nuestro tiempo nos esperaba para que llegáramos a la cama y consumáramos en exasperada armonía nuestro amor, sí, nuestro amor que crece cada minuto más y más.

Las estrellas fulguraban contentas por nuestro idilio, la luna era cómplice de dos cuerpos que buscaban fundirse en un océano de pasión y gozo.

Llegamos a casa, tu ropa y mi ropa como niebla se evaporaron, tu cuerpo gritaba, el mío observaba las flores de tu desnudez y pensaba: ¡Oh, Diosa mía, qué fruta tan dulce me voy comer! Te amo, te amo como nunca ame... ¿Me crees?

Entre besos y muchísimos más besos, untados de caricias y ríos de saliva nos perdimos en el deseo y en la obscuridad de la noche, de la mano del tiempo y el silencio hasta el amanecer, dos bocas, dos corazones y un solo ser.

Debutantes

Esta tarde de otoño quiero besar hasta tu sombra, descansar a besos bajo el abrazo de tus insuperables pechos, bajo el calor y el sabor de tus sublimes besos.

Hoy araré el cosmos de felpa de tu piel, humectaré mis caricias en tu ser y besaré con ríos de pasión tu elegante aroma de mujer.

Ámame con tus ojos, con esas alas de pestañas que abanicas al mirarme, sométeme a la luz de tu alma, a la calidez del litoral de tu corazón.

Morderé el fuego divino del fruto de tu monte de Venus, ceñiré mi apetito con mis uñas en el deleite de tus caderas hasta escuchar tu opus.

Amor mío, esta tarde quiero hacer el amor como nunca antes, como si fuéramos dos extraños amantes, que se entregan al amor, como dos inexpertos debutantes.

Puñado de flores

Ella... ella lo es todo, absolutamente todo, y yo... yo la deseo completa, toda, sin dejar fuera cabellos ni uñas que huyan de su cuerpo, lo quiero egoístamente todo.

La busco a diario y ella no está, no contesta. La sueño siempre y me levanto sintiendo esa pesadez de que no fue real, sino una efímera utopía de la que solo recuerdo destellos al despertar y mi corazón la extraña sin cejar, como si el tiempo estuviera estático sin transitar.

Hubiese querido que me dejaras, que me abandonaras, que me engañaras, porque así de alguna manera sentiría la posibilidad por más remota que fuera de volverte a recuperar, pero desgraciadamente cerraste tus ojos para nunca más despertar y en este día del amor y la amistad, solo un puñado de flores te vengo a entregar.

Libérate

Desbócate en mi lecho, desnuda tu ser de todo pudor, de toda doctrina cenobita y de todos los latigazos de tabúes que han empañado tu vida.

Entrégate a la mirada de mis manos, a la lengua de mi piel, despójate de toda prenda profanada por la mano del hombre, libérate de todo pecado que se aferre a tu lomo.

Sé tú, sé libre, sé tus deseos y déjate gobernar por tus ganas de mi carne, carne sincera que jamás te causará daño o dolor.

Toma mi mano y seamos eruditos del amor, de las cosas simples y bellas, habitemos la luna, las estrellas, desterremos todo régimen impuesto y hagamos del cielo nuestros aposentos, y de nuestro amor algo simple y honesto.

Estúpidamente enamorados

Qué duro es comer solo, muy duro, saberte refugiada e hinchada de orgullo y de soberbia en la recámara, esa recámara que anoche fue el lecho de nuestro amor, testigo de olor y una pasión vestida de amor.

Qué pena es estar así, tú allá y yo acá, con efímeras rencillas y pasajeros odios que en un rato se evaporarán.

Existen minutos, horas, y entre las barricadas de indiferencia que nos alejan te odio, te odio y quisiera que estuvieras lejos, muy lejos de mí, de ti, de todos, pero te quiero, te amo... y te aborrezco como nunca, eres maldita entre todas las mujeres y lo eres todo, insoportablemente todo eres para mí.

Somos unos tontos, me engaño y te engañas, nos engañamos y sabemos que uno de los dos cederá, que tú o yo daremos el brazo a torcer, y me dirás: "¿Ves? ¡Fue tu culpa!". Y te contestaré: "¡No! ¡Fue la tuya!". Y nos besaremos y nos reconciliaremos con nuestros cuerpos, entre lamentos de saber que somos estúpidos, dos estúpidos del amor, estúpidamente enamorados.

Perfume de tu cuerpo

Sigo perdido en la dimensión del tiempo de un universo desconocido y ajeno a cualquier mapa.

Continúo penando sin rumbo fijo, aferrado y enraizado al recuerdo de nuestros ansiosos cuerpos cuando los fusionábamos en un solo ser.

Estoy atrapado al fantasma de tu figura, extraviado en una tenue reminiscencia del perfume de tu cuerpo y el sabor de tu sudor. Estoy desorientado entre las paredes de tus muslos, entre el alabeo de tus pantorrillas, soy un náufrago de una recóndita paramnesia de la circunferencia de tus posaderas.

Me veo en el reflejo del pasado en los espejos de la curvatura de tus caderas, camino de memoria por la órbita de tu bien formado busto. Vivo encadenado a la esperanza de una remembranza tuya, de una sola alusión que me dé vida en lo más profundo de tu corazón y el mundo de misterio de la memoria de mi recuerdo errante dentro de ti.

Onomatopeya

Eres tú mi bien, sí, tú.
Desde que naciste eres tú.
Tú eres la luz que emana de mi luna.
Tú eres los astros que me saludan.
Tú eres el fuego de mi sol.
Tú eres mis azules y mis amarillos.
No quiero nada si no es tú.
La vida no huele igual si no es tú.
No soy quien soy sin tú.
Las flores y los árboles es tú.
Lo más bello y hermoso es tú.
Las risas y las cosas lindas, tú.
Mis ganas de todo es tú.
Mi nombre y apellidos es tú.
Quien me llena de gozo es tú.
Quien lo hace todo fácil con una caricia, con una sonrisa, es tú.
No deseo ni quiero nada si no es tú.
Mi juventud y mi tiempo, tú.
Mi principio y final, tú.
La onomatopeya del amor, de los besos, de una llama de pasión, de dos sudores de la mano, de los amaneceres, atardeceres es tú, tú, tú, tú, tú y tú, nadie es como tú.
Mi sepulcro, tú, y debajo de un manzano, para poder florecer en tú y comer eternamente de tú.

Réquiem

La noche se arrastra, se rasga su vestidura obscura, saca la lengua y se escupe la máscara en el espejo del infinito. Los gatos maúllan, están en celo de vivir, se esconden entre sombras, sombras de muertos vivientes, y es que la noche de todo tiene, de todo ofrece y en ocasiones te vende. La luna no brilla, es tenue, está triste, el amor ha muerto, lo velan las ratas y los sapos, las cucarachas y las lágrimas vertidas en el abismo del dolor eterno.

Una fosa peor que común será el destino final del amor, de ese extraño y raro sentimiento que entre el odio y el ajetreo cotidiano se devaluó, ese que ni en barata consumieron los ciegos y sordos de alma y corazón, esos que desafortunadamente solo ven con los ojos del yo, yo y más yo, y los de la gloria entre los hombres y las cuentas sin salida de banco.

Ahí va el amor a su destino final, arrastrando los besos, las caricias y los ya fríos abrazos. Nadie le llora, nadie dirá esas esporádicas palabras para decir hasta nunca, fuiste nada, un mito, mucho gusto de no haberte conocido, llegaste como ladrón por la noche y te vas como las ratas por los drenajes llenos de todo lo que el cuerpo humano no quiere.

Adiós, amor, que te vaya muy bien... no regreses nunca, busca otro planeta donde puedas brotar como estrellas en el cielo, como arena en el mar, como luz en el desierto, como Eva y como Adán.

Delirando

Me he soñado en tus labios,
en la suavidad de esos rebordes dulces que
se asoman en tu cara,
en ese mundo de humedad
que nace en el océano de tu boca.

Me he soñado en tus brazos,
en ese reino tibio de tus manos,
en su calor,
en la blandura del tejado de tus muñecas,
en el filo de tus codos.

Me he soñado en tu cuerpo,
en tus piernas, en tus caderas,
en tus prominentes glúteos,
en el voladero de tu espalda
y en el universo de tu ombligo.

Te he soñado tanto, a diario,
en todo lugar, te he soñado despierto,
desde hace tanto que ya no sé si eres real o
una jugada más de mis ensueños.

Soy un soldado de tu amor,
un amante de tu aroma
y en mis dulces sueños
soy el amo y señor de tu vida
y de todo tu esplendor.

Ese momento

Suena mi alarma a las cinco de la mañana en punto. La programo de nuevo para poder dormir veinte minutos más, pero es inútil porque me levanto con más astenia. Me baño con agua fría para despertar y estar al cien por ciento, como lo hacían los cadetes en el antiguo colegio militar de Chapultepec.

Mientras tanto, mi cafetera, que programo todas las noches antes de dormir, ya está preparando un café colombiano que me encanta. Sorbo un poco de café antes de salir mientras veo el noticiero, mendacidad feliz, que me informa diariamente de verdades a medias y de muchas falacias. Me preparo para salir a mi trabajo donde no tengo ganas de que alguien menos preparado, pero acomodado, me dé órdenes tontas como él. ¿Pero, qué puedo hacer? Es mi triste realidad.

Batallo con el tráfico de la ciudad como siempre, todo el mundo en todas direcciones, todos deprisa, todos con la misma máscara que yo, máscara de nada de ganas, qué popular es, la rutina tiene que ser millonaria... Claro que sí. Llego a mi trabajo entre muchas hormigas obreras como yo, marco mi tiempo antes de llegar a mi escritorio, subo por las escaleras hasta un cuarto piso para ejercitar mi cuerpo un poco. Llego a mi cubículo, dejo mi maletín de asalariado, pongo música, Radiohead me da los buenos días, me gusta.

Encamino mis pasos hacia la cafetera del piso, me vierto café, lo preparo y de repente... Sí, de repente, como salida de una obra de arte de Goya, hace acto de presencia... ¡Julieta! ¡Qué belleza! ¡Qué manera de caminar, por Dios! Y ese estilo tan sencillo de vestir que la hace toda elegancia, virgen Deidad. Me gusta cómo se mueve su cabello al compás de su figura angelical, me pierdo en la estela de su bello caminar, me congela, hace mi día en el momento, en ese instante que me besa el alma, origina que mis días tengan sentido y es por ella que todavía sigo aquí. Espero un poco a que llegue por su café.

Mientras lo prepara me voltea a ver, y antes de decir palabra, humedece sus carnosos labios y me dice: "Hola, Manuel, buenos días, ¿cómo estás?". Y ahí es donde mi día se pone interesante, como todos los días, amablemente le contesto: "Estoy muy bien, Julieta, muchas gracias, igualmente. ¡Buenos días para ti!". Esa es mi felicidad, que me diga por mi nombre, eso vale mi alegría y este fin de semana que nos vamos de día de campo Julieta, su perrita Lolis, Kaiser, mi labrador, y yo.

El fruto deseado

Ante la infelicidad bebida durante años, aquel poeta solitario que le escribía a la melancolía vestida de blanca soledad, encontró un refugio donde su tristeza no tenía cabida.
En unos brazos sinceros y entregados, probó ese amor tan anhelado, ese idilio en tantos versos buscado.

Los labios de una mujer casi sirena borraron todo aquel sufrimiento que durante mucho tiempo lo opacó, brindándole sin pedirle nada a cambio caricias y amor, y un pecho donde él pudiera su llanto frenar.

El entorno del poeta en aquel edén de corales cambió; sonrisas, pasión y café, fueron la solución, a una angustia de soledad que crecía en expansión.

En aquel refugio azulado el poeta encontró el fruto deseado, un fruto que en cada verso que el enamorado escritor le brindaba a su musa, se hacía más dulce, infinito, eterno. Para aquel poeta y su bella sirena la poesía dejó de ser aquellos versos y sonetos, convirtiéndose en caricias y besos, de un amor para siempre... perpetuo.

Con la luz encendida

Hola, mi amor. ¿Cómo estás?

Esta noche quiero disfrutar de ti, mi amor, así como estás, acabada de llegar y sin bañar.

Amor, te amo y quiero amarte al natural, como eres, como hueles tú realmente, sin lociones, sin fragancias, sin perfumes, quiero disfrutar de tu esencia al natural, inhalar tu orgánico aroma de mujer. Ahora, princesa mía, quiero hacer el amor sin complejos, sin bañarnos, sin aromas falsos que enmudecen y que matan nuestro olor vivo, entregarnos tal cual, es hacer el amor, conocernos y amarnos como somos, con nuestros malos y no tan malos olores. ¿Quién dijo o inventó como regla bañarse antes de hacer el amor? Es aniquilar la pureza del cuerpo humano, la nobleza y la sencillez de su olor, de cubrir de aromas falsos para esconder tu verdadero sabor, el aroma virgen que nace en ti, y a mí me gusta tu olor afrutado, esa impresión que produces en mi olfato con las emanaciones que nacen de tu cuerpo, me seduce, me provoca y me induce a querer más y más de ti. Amor, cuando nos besamos no corremos a cepillarnos los dientes, ¿por qué habríamos de bañarnos para entregarnos?

Despoja tu ser de toda prenda y ven a mí, así, con la luz encendida, como debe ser.

Fauno

Ahí estabas, bella, hermosa, con una pasión herida, con una historia apolillada, con una transparencia única y con un amor para que fuera amado. Desconfiada, con colecciones de dolores y decepciones, debajo de un momento oportuno, con el universo en celo, tu belleza única y tu magia por todos lados.

Nos encontramos como dos flechas en una cruzada, como dos gotas de lluvia entre miles que aterrizan en la misma flor, entre millones de personas en este planeta y como dos alfileres en un pajar.

Te vi y me viste, yo, un fauno loco en busca de un abrazo, en busca de las caricias de una sirena, de una ninfa, anhelando encontrar un bosque tierno para habitarlo de la mano de una dríade.

Renuncié a mis campos y selvas para encontrarte y vivir en tu bosque, para descubrirme en el manantial de tus besos y en el gigante árbol que te nutre de vida.

Me enamoré al probar tus hojas de dulzura, me perdí entre tus raíces cuando me reflejé en tu tierna y hermosa mirada, esos ojos que me someten a tus caderas.

Dame tu fruto y condenemos nuestras almas a que se amen eternamente en este bosque de tu ser, que esta casualidad del cosmos que nos unió sea toda la alegría de nuestros días.

Dríade hermosa, soy tu fauno, habitemos juntos el bosque de tu alma y tu corazón, porque fue tu sangre y mi sangre la que nos unió, por mandato divino de la vida misma.

En resumidas cuentas

Tú no me quieres, mujer, pero sabes, yo, yo sí te quiero, te quiero a la buena, bonito, quedito, sin hacer ruido, calladito, de puntitas, te quiero desde la punta de tus pies hasta la punta del más alto de tus teñidos cabellos rojos.

Tú no me quieres, princesa, yo lo sé, y está bien, pero yo, yo te amo, cómo no amar tu belleza pura que posees. Cómo no amar tu bello andar y tu hermoso contonear, qué ganas de dibujar mi amor en tu acorazado corazón.

Tú no me quieres nada, más sin embargo y con mucho gusto yo te quiero toda, sí, absolutamente toda, sucia o limpia. Sudada o sin sudar. Con aliento fétido o aliento de rosas. Con frescura y sin frescura. Despeinada o muy bien peinada. Maquillada o sin maquillar. Chancluda o en zapatillas, quiero a la flor de tu cuerpo y a su perfume natural, ese que con el calor se acentúa más.

Desafortunadamente, tú no me quieres ni tantito, nada, pero el amor que siento es más que suficiente, alcanza pa' los dos, seré paciente, y esperaré en silencio.

Tal vez no me llegues a amar, pero al final, el intento será más que celestial, porque habrá valido la alegría, la ilusión, una ilusión mía, muy mía, porque a fin de cuentas, muchas veces, siendo todo, terminamos siendo nada.

Septiembre

De pronto te veo, te amo, te abrazo, te contemplo, te acaricio el cabello, te hablo al oído, respiro tu aroma, y contemplo el tibio mundo de tu desnudez desde la distancia. Septiembre es la fecha, mi mes, mi día, mi ruta hacia el encuentro soñado, me desespero por verte, por tenerte, mi amor, te amo, eres la razón de mi poesía. Tus ojos, ¡qué ojos! Bellos como la vida misma, tus labios, tus dientes, hermosos como toda tú, me gusta ver tu carita llena de amor y esos ojos de sueño lucen mejor. Me gusta cómo vistes, cómo me haces reír, eres única y vales mi vida, te quiero tal cual, sin reclamaciones ni futuras devoluciones. Mírame, siente mi ser, soy real, soy tuyo y de nadie más, qué bello es escucharte decirme: "Te amo, hermoso", te amo, acortas toda distancia y acercas corazones. Pronto, mi vida, ya lo verás, muy pronto, mi cielo.

Frutal

Eres un paraíso de mujer y de todos tus frutos quiero comer, de cada uno de ellos.

Quiero pasear por tus infinitos jardines, correr por tus bosques y explorar tus volcanes del norte de tu cuerpo.

Quiero deshojar la rosa al centro de tu anatomía, quiero ingerir su néctar e impregnarme de su exótica fragancia.

Masticaré la piña de tu espalda, la sandía de tus piernas, las uvas de tus labios, la Jamaica de tu lengua, toda tú eres un huerto de sabores.

Ansío recorrer tus frutos la vida entera, descansar entre las ramas de tu amor, aventurar en la selva de tu lujuria y navegar en tus ríos de pasión.

Quiero morder el fruto prohibido de tu cuerpo para que me condenen a estar a tu lado por toda la eternidad y poder habitar para siempre en el paraíso de tu cuerpo terrenal.

Yo te océano

Yo te océano Pacífico, te océano tu brisa, tu sal, tus aves. Yo te océano toda, no me importan los arrecifes ni tus escamas, ni los tiburones del frío de tu Atlántico.

Como una ola, ven a mí, como una ola, abrázame, revuelca mi ser con tu fuerza descomunal. Bajo el azul de tu misterio quiero nadar, entre peces de muchos colores quiero navegar, deja que los delfines de tu alma acaricien mi piel, mientras tus sirenas me cantan tu miel.

Déjame océano entre tus algas marinas, déjame besar tu estrella de mar, déjame dormitar en tus suaves conchas. Entre cangrejos y tortugas yo quiero caminar, quiero recorrer el litoral de tus anguilas y en la arena, dentro de un caracol, escribir nuestros nombres, atravesados por un pez vela, entre orcas, ballenas y perlas multicolor.

Hasta que

Tu carita es hermosa, tus ojos son un oasis de belleza, tus labios son una invitación a perderme en su laberinto de pasión. Tu cuerpo es el mar, es el Océano Pacífico y ahí quiero navegar, naufragar deseando nunca ser rescatado, ¿quién querría ser rescatado del edén de tu esbelta y morena figura? No, yo quiero naufragar por el misterio de tu cuerpo y encontrar el punto exacto donde ya no me dejarás salir de tu mundo azul. Quiero recorrer tu carne, que no me quede nada sin mirar, sin besar, quiero nombrar cada parte de tu piel con nombres de flores, para poderme guiar de noche por medio de sus aromas y poder distinguir cada parte de tu suculento cuerpo. Mujer mía, mía, mía y solo mía, te amo y te amaré hasta que el sol deje de arder y hasta que en el universo se funda la última estrella en una profunda oscuridad.

Nos besamos

Te beso, me besas, nos besamos.

Tu lengua, mi lengua y tus labios amagando los míos, enjugando mi boca con tu dulce saliva.

Te toco, me tocas y nos tocamos, nos acariciamos de cien maneras y en varias partes del mundo de nuestra piel sudada. Jadeas, jadeo y jadeamos, nos entregamos rápido, muy rápido, sin disimulo, con determinación y hacia un punto común final.

Me adentro, me muerdes y nos hacemos uno solo, tu cavidad musculosa cubierta con sus paredes de aguas tibias me lleva de la mano al paraíso de tu anatomía, me atrapa en el cenote subterráneo de tu ser.

Te amo, me amas y nos amamos, más allá de la razón, detrás de la luna y enseguida del sol, allá por donde nacen los sueños y las fantasías, donde serás perpetua, donde seré perpetuo y donde seremos eternos.

Eres tú

Te amo, te deseo, te anhelo, te añoro, te venero, te imploro, te adoro, te idolatro, te pienso, te ansío, te afano.

Me apeteces, me empeño, me antojo, me intereso, me ambiciono por ti.

Te codicio, te suspiro, te pretendo, te prefiero, te sueño, te imagino, te tengo muchas ganas y es que te pretendo en cantidad.

La luz de mis días sale de tu vientre, el cielo se ilumina con tu mirada coqueta y tu sonrisa sincera alimenta esta marea que nace dentro de mí.

Eres suprema, eres mágica, eres culminante, eres mayúscula, eres enorme, eres colosal, eres extrema, eres la cúspide donde yo resguardo y protejo este hermoso amor por ti, eres la atalaya donde cuidaré nuestra bella historia de amor.

Eres tú, amor, solamente tú.

Ninfa mía

Bésame, muérdeme suavemente hasta que me sangren los labios, bésame hasta que se me afile la lengua.

Despójate de tu vestido, deja que caiga al abismo de tu desnudez, quédate con tu vestido de flor, con tu vestimenta de nacimiento.

Descubre mi ternura en la página blanca de tu piel, encuéntrame en la llanura del despliegue de tu entalle y observa cómo prendo fuego a tus excepcionales cavidades.

Respira mi aliento, inhala este olor añejo a madera de mi cuerpo, parte en dos las mordidas de mi lujuria y cercena mis filosas uñas antes de que desgarren el satín de tu divina figura. Desata esos deseos perdidos en ti, suelta la rienda de tus escrúpulos chatos y tu abstinencia recatada, moribunda, enfadada, descúbrete, evapórate y desciende con la lluvia de mi vino pausadamente.

"Ah, ah, ah, ah,". Eso es, mi amor, así, nada te cuesta dejarte llevar, vuela en mis manos, en mi espalda, en el río de pasión que nace de mi sudor provocado por tus delirantes movimientos corporales.

Lentamente, déjame ceñir las crónicas de este amor en tu desnudez y hagamos de esta noche una perpetuidad concurrida con la complicidad de nuestras carnes y la cooperación de nuestras almas.

El amor no se hace

¿Quién hace el amor? ¿Quién me puede decir cuáles son los enigmáticos ingredientes, los amasijos necesarios para hacer el amor?... ¡Eso pensé! El amor no se hace, el amor no se fabrica, no se inventa, el amor nos crea, nos hace, nos nutre de minerales afrodisíacos, nos pinta de matices exóticos, nos ilumina con una luz suprema nacida de mosaicos tridimensionales. El amor nos dibuja con la vida, nos acaricia con el viento, el amor nos deja ser libres, nos permite, de su mano, jugar en su patio trasero. El amor nos acaricia día a día, nos arropa, nos deja ser y él, sobre nosotros, crea la yuxtaposición de nuestras pieles, él sabe cuál es la magenta perfecta para colorear nuestros corazones, para plasmarnos en universos nuevos, nebulosas donde todo fluye en armonía, bienestar y felicidad, donde habitan perpetuamente el Alfa y el Omega. Estamos hechos de amor, basta con voltear a nuestro alrededor para darnos cuenta.

Dentro de mi piel

Te llevo dentro de mi piel, te sueño a diario, respiro tu esencia aunque no estés presente.

Debajo de tu piel busco la luna porque sé que ahí habita. Tus besos son como la música, me calman, me relajan y me apasionan.

Contigo me quiero tomar mi tiempo para tenerte, para besarte, acariciarte, admirarte, para descubrirme y descubrirte, disfrutarte, saborearte y para vivirte.

Cuando estoy contigo deseo el dolor, quisiera sentir dolor para que el tiempo que esté a tu lado sea eterno.

Mi alma busca la tuya, mi espíritu de amor por ti busca el tuyo, y cómo no hacerlo, si eres la mujer que me quita el sueño para hacerlo realidad.

No soy nada

¿Qué es la vida sin tu amor? Sin tu amor no soy nada, soy un cero a la izquierda, soy un niño sin pelota, una noche sin la luna, un poema sin amor, una tarde sin sol, un océano sin agua, un beso sin la lengua, un te amo sin mirarte a los ojos, un invierno sin fogata, una mañana sin café, una boda sin los novios.

Yo, sin tus besos, no soy nada, naufrago en una burbuja de soledad, en la espalda de una hormiga y en el llanto de los sapos. Ocupo de ti, de ti ocupo todo, necesito el cielo de tus caricias, los desiertos de tus sonrisas, mírame, ¿no sientes mi amor por ti? Tócame, palpa mi alma, escucha las plegarias de mi corazón, escucha cómo clama tu nombre, cómo se alborota con el sonido de tu voz.

Dame tu todo, entrégame tu miel a manos llenas, permite que mi noble ser se refleje en los espejos de tu amor, en los espejos de tu pasión, deja que mis manos te habiten, que mis besos aren los surcos de la extensa llanura de tu piel.

Toma mi mano, toma lo que quieras, todo de mí te pertenece, lleva tu nombre, lleva tu esencia, llévate todo de mí. No sueltes mi mano, que ya es tu mano, ya te pertenece, aliméntala con la suavidad de tu piel, con el aroma de tu ser, refresca mi alma con tu bella forma de amar, porque yo, sin tu amor, no soy nada... no soy nada, absolutamente nada.

Río de amor

El río de tu amor me llevó a ti, sin consultarme, sin yo quererlo y de una forma que podía más que yo, en tus pies me dejó, no creía que fuera posible pero así fue, me enamoré de ti. Tú me arropaste, me protegiste y me llenaste de bellas atenciones y cosas lindas que brotaban de tu corazón, uno solo puede resistir tanto, y contigo no fue difícil, sino todo lo contrario. Ahora te amo, eres mi sol, mi universo, eres lo que yo más quiero en este sistema de cosas, eres mi alivio, mi abstención a todo lo negativo. Eres mi luz, de ti nace el aire que respiro y todo lo que me sirve de alivio, eres mi felicidad entera. Descansando mi cabeza en tu hombro quiero descubrir y esperar tantas cosas en la vida, quiero ver los frutos de nuestro amor, quiero ver partir los días en un atardecer y verlos regresar en un majestuoso amanecer. Quiero ver tu inteligencia convertirse en sabiduría y tu experiencia en mi mejor consejera. Deseo tomar café todas las tardes contemplando tu grata belleza y de tu mano quiero estar cuando la muerte mencione mi nombre.

Ruta de amor

¿Cómo puedo encontrar el amor? ¿Cómo llego a él?

Mira, vete por toda la avenida del dolor, síguela hasta que pases la desilusión y luego das vuelta a la derecha en la calle de la angustia, le das por tres mentiras y haces una izquierda en el bulevar de la decepción y la tristeza.

Sigues por tres caídas, dos golpes al corazón y giras a la derecha en la avenida de la soledad y el porqué de las cosas, y sigues sin parar por la desesperación hasta llegar a la calle de la tranquilidad y la calma.

Sigues por dos sonrisas hasta pasar por los abrazos y llegarás a la calle donde todo es posible, giras a la derecha, entre alegrías, caricias y mucho aprendizaje con toques de experiencia, llegarás al paseo del amor, entre pétalos, confeti, serpentinas y una flor, no existe forma de que te extravíes si sigues mis indicaciones al pie de la letra. Buena suerte.

Una sola gota

Somos solo tú y yo, en este universo de nuestro amor. Agradezco los momentos de felicidad que me das hora con hora, los valoro mucho. Me gusta amarte y que me ames, me gusta besarte y abrazarte. Valoro mucho esos momentos cuando estamos en el cuarto leyendo de lados opuestos de la cama, pero juntos, bajo la misma sábana. Valoro cada mañana cuando me das los buenos días con un beso y una taza con café. Me llena de alegría cuando veo tu cara de felicidad al llegar a la casa y ves la comida servida, y que traigo puesta esa camisa que tanto te gusta. Me gusta mucho cuando nos reconciliamos y hacemos el amor después de discutir por cosas simples. Me encanta ver cuando te duchas, es un deleite visual, es una maravilla contemplar tu cuerpo desnudo. Disfruto bastante esos momentos cuando vamos en el coche escuchando música y de repente me tomas de la mano sin razón, ¡wow!, eso me derrite. Tú y yo somos únicos, almas gemelas, somos dos gotas de agua que descendieron con la lluvia y al rebotar contra el suelo se unieron y se hicieron una sola gota y un corazón.

Ambrosía

Me gusta el olor de tu piel y la invitación que me hace a la fruta de tu infinito, a la dulzura de tu nebulosa preciosa. Te recorro con la vista, memorizando el mapa de tu cuerpo y los puntos exactos donde quiero vivir, permanecer y fenecer. La catarsis de tus ojos me pierde en el misterio de tu lóbrega mirada, perpetuando la simbiosis de nuestros cuerpos, mientras lentamente pululo en toda tu anatomía. Tu boca es el filtro de pasión a la catedral de tu apetito sexual, y esa saliva es el elixir de mis fantasías, de esta vesania de mi amor por ti. Tus besos son el bebedizo que me arrastra al litoral de tu cintura, a la ambrosía del paraíso de tu universo. Me nombro el testaferro de las partes más blandas de tu figura, para ser el paradigma a este gran deseo y pasión por nuestra unión estelar, y la supernova que liberará efímeramente toda nuestra concupiscencia por nuestra carne.

Cautivo

Soy cautivo de tu magnificencia, de tu sublimidad, estoy a las faldas de tus pies admirando tu grandeza. Soy el siervo de tus deseos, el esclavo de tus fantasías, he erradicado el no de mi diccionario para servirte de día y de noche, ninfa mía.

Estoy sujeto fielmente a tu divinidad y no existe nada que me pidas que no lo realice con bondad y serenidad.

Mujer divina, pídeme lo que quieras, el cielo, la luna, las estrellas, y verás que lo tendrás en tus manos, cuando tú quieras, si así lo deseas.

Rosa blanca

Tengo una rosa en mis manos, una rosa blanca, es muy seria pero les aseguro que sabe sonreír como ninguna otra rosa blanca o de cualquier otro color, qué digo reír, carcajear, que hasta el sol escucha su risa.

Tengo una rosa blanca en mis manos que ocupa de amor, necesita de un beso dulce como un amanecer para no marchitarse, de unos ojos que la contemplen de vez en cuando, de una tierna voz que le cante y le susurre un "te amo".

Tengo una rosa en mis manos que ocupa de caricias, de abrazos y tiernos besos. Es tímida, pero le gusta vivir intensamente de la mano de una pasión color cielo.

Esta rosa blanca lleva mucho tiempo en mis manos, entre grises y amarillos, y no se rinde, no cede ni un solo centímetro, espera pacientemente a que alguien, lleno de amor y bondad, se la lleve en una burbuja de eternidad, jalada por una blanca nube de pasión hacia el jardín de la felicidad.

Inalcanzable

La luna me sonríe,
no tiene dientes
pero ella sonríe
de todas maneras.
Sus lunares me atraen
y los poros de su cara
me obligan a ceder
a su encanto.
Pobre luna, que
nunca ha sido besada.
Triste luna, cuántos
poetas la han
amado sin tocarla.
Tenue luna, que
todos le cantan
y ella, que ni el canto
de las sirenas escucha,
menos las plegarias
de los marineros
perdidos en los
senos del mar.
Pobre de ti, luna
de tan fina blancura,
tan deseada
y tan inalcanzable,
por más blanca

y pura que parezcas,
jamás serás besada,
solo alabada
en cada poesía
recitada.
Pobre luna, pobrecita.

Los solitarios

Él solitario y ella solitaria.
Él huele a tabaco
Y ella huele a flor de un limonero.
Transitan por las venas
de una ciudad llena de luces.
Deambulan por el hormiguero
de la vida y las casualidades.
Con la equidistancia hacia un
encuentro inevitable.
Entre la soledad de
las soledades, los amantes
se encuentran, se miran,
se miran un poco más,
se gustan, lo disimulan, pero
no pueden más.
Me llamo Roque, ¡hola, qué tal!
Mi nombre es Blanca Esther, ¿cómo te va?
Los amantes caminan por la
ciudad sin rumbo fijo,
perdidos en el laberinto
de una plática amena.
La soledad de sus corazones
a cada paso que dan se evapora
lentamente, los amantes ya no
están solos, ya no sufren,
ya no llorarán por las noches,
no más idas al cine en solitario
o fines de semana encerrados,
aislados y olvidados.

Los amantes salieron esa
noche buscando algo,
algo que los impulsaba
a caminar por las calles
de la transitada ciudad.
Entre tantos corazones
solitarios, los de los amantes
esa noche se tenían que cruzar,
para ser felices, para entregarse
sin tener que despedirse,
sino para estar juntos por el resto
de su eterna felicidad.

Hasta el final

No voy a dejar que la felicidad se aleje.

No permitiré que mi pasado me hunda en el dolor causado.

Caminaré sin miedo, me arrastraré entre las dudas,
a ojos cerrados transitaré por la obscuridad de la desconfianza.

No cederé ni un centímetro, no me dejaré vencer por nada ni
nadie.

Los mejores momentos y la felicidad la conocen solo los que
se atreven a ir más allá de lo temido.

Los detractores siempre serán
los que nunca se atrevieron,
los cobardes, y yo no soy ningún cobarde,
soy un veterano en las guerras del amor.

He perdido algunas batallas, tengo mis cicatrices,
pero estoy de pie y triunfaré en esta guerra contra la felicidad
y el amor, cueste lo que cueste.

Que nadie me entienda

Desde que leí tu poesía por primera vez supe lo hermosa que eras por dentro.

Qué hermosa mente la tuya, qué eróticos pensamientos, qué rica tu voz y tu acento.

Qué sensual forma de sentir y de vivir.

Qué manera tan excitante de platicar, de tomar mi mano.

Qué mamacita forma de amar, delirante tu forma de mirar.

Tu aliento, tu aroma y el olor de tu cabello me llenan la cabeza de fantasías y pensamientos corporales. ¿Sabes, amor mío?

Para describir tu belleza exterior debo estudiar alguna lengua muerta, porque para poder expresar con libertad y sin tabú lo que pienso, ocupo que nadie me entienda.

Suspiros crónicos

Cuántos suspiros,
crónicos diría yo.
Suspiros de amor,
de dolor, de angustia,
de extrañar, de añorar,
de no estar... No lo sé,
ignoro el motivo
del escape de aliento
en bandada de tu pecho.
Tranvías de suspiros
dejas por todos lados,
ecos errantes te persiguen
como los girasoles al sol,
Dime, amor mío,
¿por qué suspiras tanto?
¿Qué es lo que se encuentra
en el diamante de tu corazón?
Estoy aquí, mi amor.
¿Acaso es otro el que debería
estar en el pedazo
de tierra que cubre
mi fresca sombra?
Siempre suspiras,
ignoro si das rienda suelta
al amor o al dolor... no lo sé

pero quiero saber,
necesito saber,
mi luna menguante.
Crónicos son tus suspiros
como crónico
es mi amor por ti.

Lengua

Oh, lengua, tan delirante, fascinante, eres sensualidad y provocación, eres deseo y atracción.

Más que un órgano muscular, más que degustar, deglutir y articular sonidos, eres bacanal, apetitosa, eres capaz de despertar los instintos animales de un ser humano, qué gran poder tienes.

Oh, lengua, tan jugosa, déjame tocarte con mis labios, déjame apagar mi sed de ti, quiero alimentar el deseo voraz que despertaste dentro de mí.

Oh, lengua, dulce, eres la puerta a un paraíso carnal, eres la que da la bienvenida a los deseos.

Oh, lengua, de rojo color, me quito el sombreo y me inclino con una rodilla en el piso, para ensalzar tu enorme poderío de doblegar corazones y despertar sensaciones con tan solo un movimiento... con tan solo humedecer a tus amantes los labios.

… Oh, lengua… oh, lengua.

Labios

¿Qué es la lengua sin esos rebordes exteriores, carnosos y móviles, de la boca?

Esos labios color carmín que son la ventana a un mundo de deseo.

Son suculentos manantiales que destierran la sed de los ósculos de cientos de personas que allegan a besar labios descalzos y puros.

Esos despliegues cutáneos que son el delirio de todos, las ganas de humedecer, absorber y extraer con los labios el jugo de miel de otra boca cómplice, de esa expresión tan primitiva pero tan exquisita.

Ver unos labios humedecidos es la invitación más pura de un ser humano a otro a un mundo lleno de pasión y mucha saliva.

Los labios siempre serán el pasaje a un mundo de entrega, pasión y deseo.

Agua, viento, tierra y fuego

Para esa mujer única y especial a la cual amo tanto. Para ese ser humano capaz de controlar los cuatro elementos más importantes de la vida con un beso, con una caricia, con una mirada, con tan solo oír su voz.

Un beso de ella hace que la lluvia aparezca de la nada, una lluvia de un amanecer helado, hermoso, que llega lamiendo nuestras pieles y humectando de deseo y lujuria nuestras ganas.

Una caricia que hace temblar la tierra con el más leve de su tacto, con tan solo rozar mi mano, mi mejilla. Una mirada tierna y sensual que se siente y acaricia toda mi piel como una brisa fresca, como un aire helado que me hace cimbrar de amor, una mirada que desnuda e invita al paraíso.

Tiene una voz tan sensual, tan elegante, pura y dulce, que el simple hecho de escucharla provoca el fuego dentro de mí, enciende como pólvora una llamarada que arde intensamente y pide a gritos ser expulsada para quemar tu cuerpo entero con caricias, deseos, miradas y pasión.

Eres mujer de fuego, de ternura, de amor y de unos sentimientos que me hacen ser feliz y disfrutar del día a día a tu lado.

En blanco

Déjame tocar tu blanca alma, déjame escribir en ella una hermosa historia de amor, que día a día tú y yo haremos nacer y vivir.

Prometo que escribiré lentamente en ella y que con flores, cosas hermosas y muy tiernas, haré florecer este amor nuestro. Confía, vida mía, en la tinta de mi corazón, soy noble y honesto y jamás escribiré algo que no sea de tu agrado, solo quiero amarte y estar siempre a tu lado. Desde que te conocí todo es maravilloso, ser parte de ti es un sueño hermoso, un sueño que cuando me dices "te amo, gordito", todo en mí es grandioso.

Pies

Tus pies son mi delirio, mi pasión, son el fruto prohibido que me invita al laberinto de tu desnudez. Provocan en mí un estado de excitación que no obedece a razón ni a mi propia voluntad.

Es una fascinación que puede más que yo, una atracción desmedida, y es que la suavidad de tus pies es sublime y tus dedos son exquisitos.

Me gusta besarlos, tocarlos, admirarlos, tus pies con tacones lucen espectaculares, pero desnudos son mi locura total, me sale el instinto primate y es que tus uñitas pintaditas son sexis y sensuales.

Qué hermoso es verte caminar descalza por la casa, y es que a pies desnudos te ves radiante, tienes una mezcla de elegancia y sencillez que solo tú puedes lograr, toda tú eres deseo y descontrol, pero tus pies, que hago mis pies, son ardiente amasijo para mi tentación.

La melodía de tu cuerpo

Déjame repetir tu nombre y deja que tu aroma me penetre locamente. Permíteme tocar la melodía de tu cuerpo, las bellas notas musicales que ahí habitan, deja que mis uñas toquen las cuerdas de tu alma y la virginidad de tu piel.

Acércate a mí, ven, eres toda música, música de pasión, de ganas, de besos y caricias sin final. Eres tú, sí, tú, y estás frente a mí, mirándome mientras toco la sinfonía de tu sudado cuerpo.

Soy tuyo ahora, en este instante, mi mente dice tu nombre y mi humanidad reclama el calor de tu carne, requiere del sabor de tu suculento sudor y de la música que nace dentro de ti.

Acorde tras acorde, mis manos tocan las cuerdas de tu pasión, las cuerdas de lo que te hace mujer, vibra, vida mía, delira las ganas de este amor que nació en el purgatorio de la fecundación, donde nos tomamos de las manos por primera vez.

Qué bonito fue nuestro amor a primera vista, un amor que tomó vida antes de ser fecundados por el universo o por un ser superior, lo que fuese, estoy seguro de que es una deidad de amor y un ser único para poder haber creado tanta belleza contigo, por haberse tomado el tiempo de crear tan majestuoso espécimen como tú, que estás hecha de música y pasión, rociada con un aroma que solo mezclando la fragancia de todas las flores puede ser posible.

Mátame

¡Mátame a besos! Desgarra mi piel con tus largas uñas, este apasionado deseo por tu cuerpo.

Muerde mi alma con el filo de tus dientes, no te detengas y acábame ya.

Me gusta lo dulce de tu piel, el sabor de tu sudor y el líquido que emana de tus cavidades… suculento vino. Qué delirio es tocar tus caderas, lamer tu espalda hasta el final, ceñir tus glúteos sin piedad, para después regar con el elixir de mi boca todo tu monte de Venus, ninfa mía.

Quiero ser el laberinto de tus fantasías y lujurias, quiero complacerte en todo, hacerte mujer en toda la extensión de la palabra, quiero que solloces y vociferes de placer.

…Quiero, quiero y quiero.

Desquiciado

"Eres un loco desquiciado"
… me gritó.
Si amarte como te amo,
si darte todo de mí
sin esperar nada de ti,
si el sacrificar mi comodidad,
si por no quedarme
callado a tus mentiras
y tu indiferencia,
me hace un loco desquiciado,
pues entonces estoy
súper desquiciado.
Y tú, tú que eres
todo lo contrario
a mí,
¿qué te hace normal?
(silencio)
… Eso pensé.

Con muy poco

Compañera... con eso tengo y seré todo lo demás, todo... seré todo lo que ella quiera, todo lo que ella sueñe trataré de ser.

Un abrazo, una caricia, un beso pequeño, si ella quiere, pero a su lado quiero estar, siempre, sí, juntos, sin mentir, sin fingir, sin causar daño, solo quiero amar y ser amado, no sé si es mucho pedir o en realidad sea muy poco, lo que sé en este momento es que quiero estar a tu lado.

Timidez

En lo tenue de mis aposentos me lamento día con día no poderte decir cuánto te amo, que para mí eres todo lo que yo quiero en mi existencia.

Ahora cuando te vi me había prometido dejar mi timidez atrás y decirte mi sentir, aglutiné tantas palabras de amor para ti, pero este lid conmigo mismo me cierra los ojos y las fuerzas.

Lucías radiante, como siempre y como nunca, una perfecta mezcla de belleza y sensualidad, y hablabas de que querías alguien que te amara, que te cantara, yo de cobarde, que no me atreví a decirte nada, temí hacer una vorágine de mis sentimientos.

Estoy cansado de mi lúgubre vida, de mi taciturna existencia, siempre me lamento el ser tan pusilánime y cobarde, doy vueltas en la cama toda la noche de frustración, de impotencia a las barreras que mi timidez levanta.

Yo, que soy un diletante en esto del amor, me siento desmanotado cada vez que quiero decir algo, y es que este contingente, esta incertidumbre, puede más que yo.

Pero si tú sospechas un poco, aunque sea un poquito, ayúdame, te lo suplico, soy tímido, yo te amo más allá de toda razón, con mi corazón en blanco, para que escribas lo que tú quieras, y créeme que te cantaré toda la vida si así lo quieres amor mío... Toda la vida.

Deidad

El escucharte respirar junto a mi corazón es hermoso, es único.

Me gusta cuando te recuestas en mi pecho, es idílico, todos mis problemas son evanescentes.

Nuestro amor es facticio, es divino.

Tus palabras de amor que me dices me hacen volar, me hacen sentirme como un niño que vive en un mundo de fantasía.

Tu amor es verdadero, sincero y honesto, nuestro amor es empedernido, es demiurgo.

Eres mi mejor poesía, el mejor libro, eres mi sol y mi luna, mi elemento, tus besos son como un aura, como una brisa fresca. Nuestro amor es y será siempre nuestra apoteosis, nuestra forma de transformarnos en una deidad eterna.

Viaje azul

Pinta mi vida de colores, llévame a donde nunca antes habías ido, a ese lugar inimaginable.

Toma mi ser y cántame esa dulce melodía que es el amor, escribe en mi alma nuestra historia con tus besos, nuestro cuento, nuestro viaje azul.

Recorramos juntos estos jardines de pétalos y primaveras inmortales, de otoños entrañables, vivamos nuestro idilio desahogadamente, sin ataduras ni eslabones.

Dejemos que nuestros deseos y sueños sean el paraguas contra los azotes, los lamentos, las angustias del destino y las zozobras.

De tu brazo soy feliz, me siento orgulloso de tenerte a mi diestra y yo a tu siniestra, bajarte la luna y las estrellas es platónico, pero con mis besos y caricias, será más fácil llevarte a ti.

Quiero que bailemos, que brinquemos de alegría, que fusionemos nuestros colores de amor y pasión, y crear colores que ni el tiempo ni los vendavales podrán borrar.

Enjugar

Tu cuerpo es una poesía, tu figura es un soneto sublime, perfecto, eres un deseo, un sueño que se materializó y que tomó vida para hacerme muy feliz.

Princesa, toma mis sueños que ya son tuyos y soñemos, viajemos en el tierno mundo del amor, en este río de pasión y entrega total.

Amémonos sin importar el qué dirán, seamos libres como el viento, como las aves, como las nubes.

Allanemos nuestros cuerpos, con mordidas de ganas, sí, de muchas ganas, ganas de gritar, de recorrer nuestras pieles y dibujar sonrisas en ellas.

Humedezcamos, destilemos en nuestras sábanas el líquido transparente y salado que segregan nuestros ardientes cuerpos.

Déjame enjugar con mi boca toda tu humedad, tus delirios y deseos, amor mío, permíteme antes de que el sol reclame su turno, impregnarme de tu amor una vez más.

A lo lejos

Desde lo lejos aprecio tu luz, desde la distancia percibo tu amor, desde tu punto de partida demorada valoro tu tiempo que me regalas, en tu punto de futuro arribo, espero con ansias tu tan demorada llegada.

Mis sábanas blancas te esperan, mis aposentos te reclaman, mis sueños y deseos te auguran y mi corazón te espera contento y con sus bracitos abiertos.

Tu felicidad y tu amor por la vida me apasionan, tus sentimientos huracanados me tocan las fibras más sensibles de mi alma enamorada.

Tu poesía es mi guía, tus vivencias mi alegría y tu amor es desde ahora mi bandera, una bandera invisible a los ojos ordinarios.

El amor

El amor tiene que fluir, tiene que estar libre, sin ataduras, tiene que estar siempre en su estado original.

El amor es como un pájaro, jamás debe de estar enjaulado, sino libre como el viento.

El amor es pureza y verdad, lealtad y emoción, son ganas, muchas ganas, deseos locos.

El amor tiene que ser como el mar libre, libre, el amor verdadero siempre está ahí, no ocupas acorralarlo, condicionarlo, el solo resurgirá y se dará.

El amor es más de lo que te imaginas, el amor es un viaje a un mundo divino, a un mundo donde todo es de colores vivos.

El amor son todas las flores, las noches de luna llena, el amor es nuestro reflejo en el agua, nuestra vida, el amor es parte de nosotros, es como una segunda piel.

El amor es la búsqueda de nuestros cuerpos cálidos y húmedos por las noches y por las mañanas, y a toda hora, el amor es un puente de rosas que nos cruza infinitamente.

Cielo y tierra

Emito con fuerza tu nombre desde la distancia, te añoro, te siento, eres agua dulce, eres una tierna melodía que me llega desde el empíreo y fecunda todo mi ser con tu energía, con tu amor, vida mía. Eres mi razón de ser, de sentir, eres mis tardes libres, mis noches de amor, eres una cascada de pasión que desborda mi razón de ser, me pierdo en tus labios, esos labios que cuando me besan provocan que el cielo y la tierra se unan, se besen como nosotros, siendo testigos y apadrinando nuestro idilio, nuestra pasión, que no conoce maldad ni decepción, sino todo lo maravilloso de dos bocas que se besan como siempre y como nunca.

Invita

Bésame a lo lejos, como cuando besas la luna. Tócame, como cuando acaricias las estrellas.

Abraza mi cuerpo, como cuando abrazas el viento y dame tu amor, como cuando despiertas por la mañana deseosa de mis besos y de mis miradas. Cuando sientes que del amor no existe escapatoria.

¿Qué puedes hacer cuando el cielo te toca? ¿Cuando la luna te besa? El amor ya está ahí, y lo sabes cuando puedes escuchar el canto de las estrellas y el sonido melodioso del universo entero, no existe salida, el amor ya toca tu puerta, abre la puerta de tu corazón e invita al amor a que pase y se ponga cómodo.

Ábrego

Hoy al abrir la ventana de mi corazón entró una bocanada de un ábrego fresco, suave, que recorrió todo mi ser humectando mi alma con una sensación de paz y amor.

Junto a ese ábrego entraron también los cánticos de los pájaros, el olor de las flores junto con la brisa del mar, y me invadieron todos mis sentidos de una manera magistral.

A lo lejos escuchaba risas de niños que jugaban algo que los hacía muy felices, el sonido del bullicio de la calle era de alguna forma melodioso, placentero, y me sentí contento, como una sensación de Navidad a los siete años.

De repente, sentí desde la distancia una brisa mágica, única, que me tomaba de la mano y me besaba lentamente, susurrando en mi oído que era de ella, que era su poeta, y me sentí feliz, sonreí y cerré mis ojos ante mi ventana y me dije: "Ya no estoy solo, esto es realmente el amor y estoy enamorado".

Enraizado

Te esperé por mucho tiempo, tanto que ni yo lo sé, horas, días, meses, años volaron por encima de mí y de este perro fiel gitano, que nunca me ha dejado solo. Primaveras tristes, veranos calientes, otoños tempestuosos, inviernos que laceraron mi piel y mi ser, que me arrancaron mis mejores días de un solo golpe, pero jamás menguaron mi espíritu de encontrar el amor y a la mujer correcta.

El tiempo fue duro, me robó fuerza y me tiñó de blanco mi cabello, llenándolo de polvo, de olvido y de soledad, mientras mi espíritu no retrocedía mi taciturna espera por lo que yo estaba seguro que llegaría. Muchas veces busqué, luché por encontrar ese sentimiento mutuo y solo noches efímeras y falsedades a mi entorno acudían. Ahora que mi espera me da cosechas, mi espíritu enraizado, junto al de mi fiel gitano, que ahora ya es solo la sombra de aquel amigo fiel, me ha dado frutos, una fruta dulce que desde la distancia se ve brillar, encandilando mi corazón y mi espíritu de felicidad eterna. Después de tanto, valió mi felicidad la espera.

Como solo tú sabes

Cuando me besas lentamente puedo ver las gotas de la lluvia, una a una, en cámara lenta.

Cuando me besas me olvido de todo, de mis problemas, de mis angustias, de mis frustraciones, hasta mi nombre y tu nombre olvido.

Cuando siento tus labios con sabor a ti, me pierdo en tu saliva y tu lengua se apodera de mi ser, y es que me besas con tanto amor, con tanta pasión y delicadeza.

Me gusta mucho cómo me besas, cómo me abrazas, y me fascina cuando la curiosidad te abre los ojos y te descubro.

Me gusta tu manera de tocar mi cara cuando me besas, y es que lo haces con tanta ternura que se me doblan las rodillas y me tiemblan las piernas.

Mi vida, quiero que esta noche me pierdas en tus besos, besos largos y apasionados, como solo tú sabes.

Respiremos

Cada instante que paso a tu lado lo valoro, lo atesoro, sé que no es mucho y sé que ese poco lapso de tiempo es lo único que tengo para estar a tu lado y para compartir. Entiendo que es un lid constante querer sentirte cerca, pero es lo único que tenemos y podría ser menos. Espérame, amor, tengo mucho para dar, quiero mostrarte la yuxtaposición de mis colores.

Deseo que bailemos, que caminemos por tu ciudad, por ese lugar donde creciste y jugaste. Quiero ir a tomar un café de noche y mirar las estrellas, quiero de tu mano recorrer tu entorno, vida mía. Amor, sé que soy un hombre afortunado por contar con tus bellas manos, que amo y que me secarán las lágrimas cuando lo ocupe, quédate conmigo, me gusta que todo me lo das y nada me quitas. Vida mía, me pregunto cada día cuando veo tu cara angelical si es normal esto que siento, y lo único que te puedo decir es que respiremos este amor y seamos felices.

Color de rosa

Espero el día de nuestro encuentro con tantas ganas, el día en que mi reflejo en tus ojos sea una realidad, el día que pueda oler tu esencia y tu cuerpo. Anhelo tanto el instante cuando mis labios toquen los tuyos, cuando mi alma sea absorbida por tu hermosa figura de mujer. Quiero sentir la suavidad de tu cabello, lo terso de tu piel, que cuando te bese empiece a llover, y que esa lluvia sea testigo de lo mucho que nuestras pieles se desean. No lo tomes a mal si quiero saciar mi sed de ti en el momento que te abrace, pero te deseo muchísimo, he esperado tanto ese momento que me sería muy difícil contenerme. Sé que será real, mi sed de tu amor y tu manera de ser será infinita, le gritaré a la gente que te amo, que somos felices, de día, de tarde y de noche, de noche seremos un solo ser y de noche todo será color de rosa.

Prefiero

La noche es larga, eterna, más cuando no disfrutas de las cosas efímeras, cuando te sientes obligado a hacer algo que no te gusta. Es longevo este espacio tan diminuto, es gris y hace mucho calor, humo de cigarro por todos lados, alcohol, sudor y más sudor. En lo particular prefiero el cine, un café, un lugar a media luz con música ligera, jazz no estaría mal, quiero poder escuchar las palabras de la persona que esté a mi lado sin necesidad de tener que gritar. Sabes, prefiero hablar por teléfono contigo, eso me hace feliz, eso me completa, tú eres mi felicidad y mi tranquilidad, te quiero mucho.

Atentamente: Tu amor

Vida mía

Cuando duermes yo te escribo cosas de amor. Cuando tú duermes, amada mía, yo te espero sediento de tus besos y tu sonrisa.

Mientras sueñas cuando duermes, alma de mi vida, yo acaricio tus sueños y los transformo en poesía. Cuando las luces están apagadas, yo me guío por la luz de tu amor y el sonido de los latidos de tu corazón, y ese momento donde escucho tu palpitar lo llamo amor, felicidad, lo más bello que me ha pasado. Contemplar tu rostro cuando duermes es como mirar una obra de arte, una puesta de sol, eres mi gloria y mi infierno, eres mi principio y fin, deja que, de la mano, la eternidad nos alcance y nos cubra con su brisa infinita para siempre, vida de mi vida, para siempre.

De ida y vuelta

Quiero abrazarte muy fuerte y en ese abrazo quedarme dormido en tu regazo, acurrucado por lo tibio de tu cuerpo, por los latiditos de tu corazón. Quiero besarte por muchas horas, sí, besarte por muchas horas, descansar un poco y volverte a besar por muchas horas más.

Quiero mirarte a tu cara, maquillarte con mi mirada una y otra vez, y cerrar mis ojos y abrirlos y volver a empezar.

Quiero que bailemos descalzos dulces melodías, tonadas que acaricien nuestras almas al compás de nuestros pasos, al movimiento de nuestros ansiosos cuerpos de querer bailar toda la noche bajo la luna menguante.

Quiero llevarte a la cima de una cumbre y ahí, ante la presencia sublime del universo, gritar a los cuatros vientos que te amo, sí, que te amo más allá de las estrellas, más allá del sol, de ida y vuelta y en reversa, una y otra vez, mi amor... una y otra vez, mi amor.

Tu cabello

Me gusta oler tu cabello, oler su suave fragancia que me recorre todo el cuerpo, acariciando mi cara, como diciéndome: "Me gusta que me respires, que me sientas".

Amo sentir su suavidad, sentir que es mío, que lo es, pero sentir que estoy ahí, sembrándolo con mis ojos, enredándole mis dedos, besando cada uno de tus cabellos con mis uñas, respirando de cerca tu aroma de mujer.

Adoro cuando te acabas de duchar, tu pelo mojado, goteando gotas perfumadas, sí, perfumadas por tu esencia, por el jabón en turno, qué olor, qué fragancia despides a tu paso, qué sensualidad es verte así, húmeda, fresca y coqueta.

Luego atrapas el exquisito aroma de tu cabello en una toalla, aprisionando el perfume que me lleva a lo más alto de tu gracia, condenándome a tu bella cabellera y a oler la toalla por horas, a perderme en un laberinto de pasiones prendido de tu hermoso cabello.

Divagar

Quiero fundirme contigo en un abrazo honesto y sincero, soñar a tu lado, creer que me quieres, que me adoras, que soy lo más preciado para ti.

Quiero de tu mano divagar por la vida, realizarme como hombre a tu lado, usar tu nombre en mi boca todo el tiempo, saciar mi sed con tus besos y momentos. Quiero verte removiendo el maquillaje de tu Helénico rostro, ser tu todo y tu fin. Quiero tejer siluetas de esperanza con tu aroma de mujer y decirte que eres todo para mí.

Cuánto te amo

¿Que cuánto te amo?
Está bien, te diré cuánto te amo.
Te amo como quiere un niño su juguete favorito.
Te amo como el sol a la luna.
Te amo como el cosmos ama las estrellas.
Te amo como ama la tierra a la semilla.
Te amo como ama una leona a sus cachorros.
Te amo como Neruda a Matilde.
Te amo como Sabines amó a Chepita.
Te amo como el bosque ama los pinos.
Te amo como el principito a su flor.
Te amo de una forma hermosa, sin egoísmos, saliendo de mi comodidad para darte lo mejor.
Te amo para procrear, para vivir tomados de la mano.
Te amo como para comer todos los domingos en familia.
Te amo más allá de lo que nunca pensé que pudiera amar.
Te amo de una forma inocente, de una forma llena de felicidad y a ojos cerrados.
Te amo como ama un colibrí las flores y como ama el viento a las aves.
Te amo como las plantas aman la lluvia y te amo como los amantes aman la noche y como los niños aman los fines de semana.
Te amo por cómo eres, sin cambiarte absolutamente nada... Nada.

Musa mía

Te beso suavemente mientras te abrazo con una fuerza justa, una fuerza de amor. Mientras te beso, te acaricio lentamente tu espalda y siento cómo vibras al tacto de mis fuertes manos, suspiras y me besas con más fuerza, con más pasión, los movimientos de tu lengua son cada vez más exquisitos.

Te comienzo a desabotonar tu blusa con tranquilidad mirándote fijamente a los ojos, sin parpadear, aunque por dentro estoy deseoso de mirar tus pechos, de besarlos y morderlos.

Déjame desvestir tu figura de mujer, mi vida, mi amada, mi compañera, mi amante fiel y mi espera. Tomemos este vino de hacer el amor juntitos, bajo esa dulce melodía de los insectos y los grillos. Descubramos juntos, tomados de la mano, nuevas formas de amar, de sentir.

Déjame escribir poesía sobre tu dulce cuerpo, quiero que seas mi musa eterna, que seas el templo, el santuario, las raíces de donde parte mi poesía, que seas los cimientos de mi inspiración.

Solo déjate llevar por mis caricias y la forma tan viva con la que te amo y permíteme inmortalizarte en mis letras, serás el ingrediente secreto del amor de mi poesía, que ya es tuya a partir de este momento.

De otra galaxia

Qué hermosa eres, eres un ángel, un ser de otra galaxia, tus ojos, esos ojos que me derriten en un instante, esa mirada tierna y cautivadora que me doblega y ya no soy yo, sino tuyo. Verte llorar de felicidad es lo más hermoso que jamás haya visto, no podía resistir tanta belleza en una sola mujer, esa mirada, una mirada con esos tiernos ojos es mi perdición, mi delirio, mis ganas de hacer todo mejor. El cabello que nace de ti, ese milagro de suavidad infinita, ese cabello del cual no me siento merecedor al tocarlo, es un manantial de olores del bosque, es una poesía acariciar tus cabellos. Tu piel, aleluya, tu piel es un remolino de sensaciones únicas y frescas, tu piel es un paraíso para mi enamorado ser de ti, esa piel que es el mundo en el que me gusta navegar, navegar por su vasta suavidad y por ese olor a coco que nace de ti y que por tus poros expulsas. Eres tú, mujer de los amaneceres, mujer de los atardeceres, escucha el estruendo de mi amor, soy y seré siempre tuyo, sin condiciones, y para amarte en todo lugar y en todo momento, hasta que ya no pueda más.

Una sola saliva

Besémonos hasta que envenenemos nuestras almas, hagamos una sola saliva, amarremos nuestras lenguas y hagamos una, un solo sabor, un único y fresco aliento, una sola boca y muchos dientes. Forjemos un solo corazón, un alma, un solo cuerpo, bajo un mismo cielo, la luna y el sol. Bésame más, no pares, por piedad, estos besos hacen que me olvide de todo, hasta de mí mismo, llévame lejos de tu lengua, lejos, muy lejos, te lo pido, amorcito mío. Qué bello me besas, siento fluir tu amor por la unión de nuestra saliva, que crea un perfume suave que se queda impregnado en mi boca por días. Toma mis cabellos, busca en la selva de su suavidad, no me sueltes nunca, este beso es nuestro presente, besémonos toda la vida, qué más da, solo me importa este universo que nace a partir de este colapso de ganas y labios, que unen para siempre dos almas que por instinto se encuentran cada noche.

Las tardes

Qué bello es el amor, la vida, tus "te amo", qué bella eres tú, pero más bella es tu alma y tu corazón. Me gusta la noche por su magia y su pasión, por las cosas que brinda a la hora de hacer el amor, y la mañana por el nuevo día, por la oportunidad de estar contigo un día más, por el privilegio de poder decirte "te amo" una y muchas veces más y por esa calidez que tiene tu cuerpo al amanecer cuando me despierta tu pasión y amor por mí. Las tardes las disfruto de una forma diferente, el estar contigo bajo el sol candente, el ver cómo tratas de tocarlo con tu manita, el estar contigo caminando en un parque disfrutando de la mezcla de la naturaleza y tú, del canto de los pájaros de la mano de tu voz, eso es un milagro, un milagro de amor. El tirarnos al pasto y besarnos bajo el manto de una tarde bella y soleada, bebé, eso es pasión y saber disfrutar de cada una de las veinticuatro horas del día, te amo, te amo, te amo, chica tierna, mi bello amor… te amo.

Ansiedad

Esta ansiedad de pesadillas y desvelos, este sabor de tenerte y no tenerte, no quiero que me pases de largo, quiero que te quedes aquí conmigo.

Esta soledad entre mi camino y tu ausencia me clava las pupilas y te amo como un invidente en este eterno padecer de la distancia.

Estoy desesperado por tocarte, por fotografiarte con mis ojos y dejarte por siempre en mi mente, necesito de ti como nunca y como hasta ahora.

Mis manos están sedientas de tu piel, mis pulmones quieren que tu aroma les haga el amor y mis labios quieren dibujarte candentes historias en el mar de poros de tu piel.

Sé que mi vida está teledirigida a tus pies, y a tus pies me rendiré y te amaré por toda la eternidad, y si es posible, más.

El puente

Llegamos, mi amor, mi cielo hermoso, mira, ahí está el puente que nos cruzará a donde solo existe el amor y la felicidad. Mira, amor, estamos a unos cuantos pasos hacia lo que tanto esperamos, qué bueno que fuimos tolerantes a nuestros malos ratos, a nuestros desacuerdos, nos prometimos nunca soltar nuestras manos y ahora esta es nuestra recompensa. Amor mío, ¿recuerdas cuántas parejas a nuestro lado se soltaron las manos? Fueron muchas, muchas manos navegando por la vida solas, desahuciadas, y tú y yo prevalecimos, prevalecimos, mi bien. Camina, mi vida, ya casi estamos ahí, donde después de solo compartir nuestras vidas, compartiremos nuestra eternidad, junto a otras parejas en la tierra donde no existen las manos solas.

A partir de ti

Cuando me levanto y no sé de ti, sufro, se me cierran las paredes de mi habitación y siento morirme, siento caer en el sufrimiento de tu ausencia, en ese abismo de tu lejanía. No me veas así, te amo, eres todo en mi vida, eres mi felicidad, la dueña de mis estados de ánimo, de mis sonrisas y todo mi amor. Te amo por todo lo que provocas en mí y por todo lo que me motivas, a partir de ti nace lo mejor de mí y, hombro con hombro, contigo quiero ser feliz, pintar de cielo nuestra historia de amor y esta pasión que nace en el litoral de nuestros cuerpos. Sin ti nada tiene sabor, todo es gris y helado, pero cuando sé de ti, mi vida se pinta de colores muy bellos y empieza mi día y todo mi amor a partir de ti.

Modesto Zepeda Jr.

Poemas Verdes y Blancos

Ecos

Fui sombra entre los cuerpos dormidos,
quimera agónica, pálida y con las venas abiertas.

Fui ese grito ahogado y sin rostro,
ruido quebrantado sobre el altar de un recuerdo.

Un recuerdo oxidado con el tiempo
y bañado en lágrimas de sangre.

Sangre negra de dolor y angustia,
una angustia árida como el dolor del hambre.

Y es que no he podido olvidar el susurro del tiempo muerto,
cómo recuerdo a cada instante los intentos de levantar mis
manos atadas al sacrilegio.

En esta noche donde la hambruna corroe la carne de mis
angustias siento su presencia más fuerte, la siento tanto que
lloro de locura.

Escucho el eco de la locura
como un espectro desquiciado,
como el tronar de un pino que se quiebra ante la impotencia
de la urbanización,
como dos rodillas esclavas de una manda, sangré.

El ángel del abismo me desterró al horco del olvido,
donde los sueños son eternos,
eternos como los rasguños de la hipocresía en mi espalda.

Impotencia

De tanta impotencia,
de tanto dolor a mi alrededor,
de tanta hambre,
de tanta maldad que pasan los niños en el mundo,
una mañana noté que se había muerto mi sonrisa,
que había muerto el brillo de mis ojos y mi mirada alegre,
me percaté de que yo ya no era el mismo,
que había cambiado,
que la facilidad de dormir en las noches se me había extraviado.

¿Cuántos angelitos de alma pura e inocente pasan fríos
mientras yo duermo tranquilo?

Un cementerio de sentimientos descansa dentro de mí,
y no sucumbiré hasta que exista un mejor porvenir
y los niños del mundo dejen de sufrir,
y puedan todos felizmente jugar y sonreír.

Moribundo

Moribundo me arrastro en el desierto de
bestias carroñeras,
entre la arena que se desliza por el
ombligo de los descendientes
de la serpiente, una serpiente venenosa
y mentirosa, ladina, dañera.
Lentamente la vida se evapora de mí,
es lo único puro que me queda, mi corazón,
mi confianza, mi buena fe y mi voluntad,
a mordidas los destrozaron,
que ni chuparse los dedos pudieron.
No conformes con el festín, prosiguieron
con mis ojos, mis manos, mis pies y mi confianza
en la gente, siguieron sin parar, sin dejar de devorar,
hasta mis huesos no dejaban de chupar.
Por piedad, dejen mi esqueleto ya.
¿Por qué se ensañan con mi buena voluntad?
Qué cortos de memoria son, cuando yo los ayudé
con amor y honestidad.
De mi cuerpo ya no queda nada,
solo mi alma se pudo escapar,
y eso es suficiente para cuando a alguien
más pueda ayudar,
a pesar de que a mi alma también
la puedan destrozar.

En picada

La vida me lleva y me lleva, me arrastra, me confunde, me pierde en el misterio de ella misma,
en ese abismo donde voy de caída gritando.
¿De dónde vengo?
¿Hacia dónde voy?
Voy en picada sin baranda, como plomo en el agua,
sin escalas ni paradas.
Clamo sin lengua y sin dientes, en silencios que mueren en ecos mudos, tenues, que temen a la luz, una luz que no es mucha, que me da la espalda, pero besa el dolor de mi suplicio.
Sigo cayendo, no puedo respirar, un terror me acorrala y me ciega el pensar que no florece nada
al otro lado del panteón, que los cinco metros
y los puñados de tierra encierran todo ese misterio
de la existencia, que por más que sueñe
y anhele, me perderé por siempre en la perpetuidad
de una dimensión desconocida.
Si de casualidad me ves, beodo en temor y descendiendo en los aullidos del delirio,
regálame un abrazo, una sonrisa, y dime que todo estará bien,
con una palmada, con una caricia, con un beso... pero dime que todo estará bien,
que Dios nos bendiga y Amén.

Olvídate

No te dejes agobiar por la obscuridad en turno,
no te rindas ante la mala leche de un corazón inmundo, hoy
te toca sufrir, pero mañana ya le tocará a él lo mismo vivir.

No te detengas ante dolores profundos,
no le cierres las puertas al mundo,
no te deprimas por nada, vive tu vida, disfruta el tiempo, cada
minuto, cada segundo.

Eres mujer, todo lo puedes, eres milagro, dulzura, eres amor
y mucha ternura, un mal amor no perdura,
un amor a tu lecho pronto llegará,
no pierdas la cordura.

Deja de llorar, arréglate y ponte guapa, se puede más, sal a la
calle, disfruta de la vida y la paz,
de la belleza del canto de los pájaros,
y deja atrás los tristes y malos ratos.

Suele suceder

Créeme pasa... Suele suceder, llegar y estar solo,
abrazado del silencio, del polvo, de retratos
y olores que nos persiguen como ánimas errantes.

Llegar vacío, muerto, sin ganas, ido, desgastado,
sin vida, sin alma.

Estar por estar, por inercia, sin necesidad, sin alegría,
sin color, sin risas.

Saber que el abismo de la soledad espera
como ama de casa, con dolor en la mesa,
y la angustia en la recámara.

Tenue es la niebla que rodea los grises aposentos,
los colores ya sin vida, lo recuerdos cadavéricos...
… los momentos fenecidos.

Suele suceder que cuando te miras en el espejo
veas más allá que tu reflejo, te des cuenta que el tiempo te
lamió la espalda y te percates que ya estás senil, pero senil de
dolor, de impotencia... de amargura, de privarte de ser feliz,
acabado por haberte anclado al calvario perenne.

... Suele suceder.

Los aromas de mi ciudad

En mi ciudad la situación no es la mejor,
huele a desempleo y pobreza,
esta ciudad está cada día peor y
es triste ver que a la gente no le interesa.

Los aromas de mi ciudad son peculiares,
comunes y normales,
como en otros lugares,
así como oler vanidad y el orgullo,
como en la mayoría de ciudades.

Es triste ver gente con tanta riqueza
gozando con tanto, viviendo en la opulencia,
es incontrolable tanta violencia,
que la gente ya perdió la paciencia.

El desempleo está por todos lados
y mucha gente sus hogares ha perdido,
tenemos que tomarnos de las manos
y juntos resolver todo este lío.

Los aromas de mi ciudad no son del todo malos,
también se respira amor y prosperidad,
y el amor entre negros, blancos e hispanos,
unidos encontraremos el aroma de la sinceridad.

Juntos tendremos la solución,
unidos con un solo corazón,

que se sienta esa gran sensación
y empecemos una gran unión.

Hagamos una revolución de amor,
de la mano todos sin ningún temor,
juntos lograremos algo mejor,
y a todo le encontraremos un buen sabor.

El aroma de mi ciudad por las mañanas es único,
huele a asfalto mojado y a flores,
muchas veces yo no me explico,
lo hermoso de Los Ángeles y sus bellos colores.

Se siente la sonrisa de los niños
y la tranquilidad de sus corazones,
jugando en los parques todos unidos,
sin dolor, temor, ni preocupaciones.

Aroma de bosque se respira,
aroma de brisa se suspira,
y aunque el amor no se mira,
el aroma bello nunca se olvida.

El arte de tomar un vaso con agua

Entre pesadillas y calores nocturnales me levanto acalorado, desesperado por el calor y el mal sueño. Me cuesta encontrar el cordón de la lámpara de la repisa, y el reloj de mesa me encandila como el sol al medio día. Busco mis pantuflas viejas, me las pongo una a una entre bostezos y quejidos de pereza, acompañados con un toque de torpeza. Encamino mis pasos hacia la cocina y la espinilla de mi pierna se colapsa contra la esquina de mi cama; ¡ouch! Joder, qué dolor, pero lo ahogo en silencio dentro de mí. Enciendo la luz de la cocina y cojo un vaso de vidrio con la figura de Superman, a pesar del calor esta frío, qué alivió momentáneo. Me dirijo al norte de mi cocina, donde se encuentra el garrafón lleno de agua fresca esperando erradicar mi nocturna sed y amainar un poco el terrible calor que acecha la noche. Vierto el líquido vital que mi ser a gritos pide, ese $H2O$ que mientras dormía huyó de mí en bandadas de sudor cuando en calor de la noche se ensañaba conmigo: "Glup, glup, glup, glup... Ahh!". Qué frescura, qué delicia, qué perfección, Dios mío, creaste para saciar nuestra sed, y repito la misma dosis tres veces: "Ahhhhhhh!". Qué frescura, ahora sí, a dormir... al menos, eso espero.

Gotas de lluvia

Amo la lluvia, cada gota de lluvia es distinta una de otra, cada una tiene su belleza particular, como las mujeres. Algunas gotas son de busto grande; otras son de prominentes glúteos y caderas; otras, altas; otras, no tan altas; unas coquetas; otras más serias; y existen unas muy temperamentales, a esas hay que tenerles cuidado. Unas sonríen en exceso; otras, que no ríen para nada; otras gotas suelen guiñarle a la vida y al amor; otras, le dan la espalda; algunas son de colores; otras en blanco y negro; pero la mayoría son transparentes, usan ese extraño camuflaje por lo tímidas que son la mayoría de las gotas de lluvia. Cada una lleva su propio ADN, todas provienen de nubes diferentes y curiosamente a la hora de evaporarse, regresan siempre a la blanca nube que les corresponde. Algunas gotas de lluvia son muy atrevidas, besan la piel al deslizarse por el cuerpo de algún ser humano, otras se meten dentro de ti por los poros de la piel para convertirse en una gota de sudor o en lo más deseado a lo que una gota aspira después de ingresar al cuerpo humano: Convertirse en una elegante lágrima que acaricie la suave mejilla de un humano. Otras gotas son más valientes, porque al caer a la tierra se vierten a un río o a algún lago, pero las más intrépidas navegan hasta la inmensidad del mar para perderse para siempre bajo el azul del misterio de las profundidades.

Roque Ahumada

Roque estaba tendido en el suelo, desangrándose lentamente bajo el tenue manto de la luz lunar y el sonido de los búhos. Las estrellas eran testigos de cómo la vida sosegadamente abandonaba el cuerpo inmóvil de Roque Ahumada. El viento helado y la noche llena de soledad eran la única compañía de aquel hombre que perdía lo más sagrado del ser humano. Refugio Torres fue el verdugo que le arrebató el privilegio de vivir a Roque Ahumada, con una daga filosa como una boca llena de falsedades y mentiras, al encontrarlo en los brazos de Ana Córdoba, su esposa amada y madre de su hermosa hija. Bajo la obscuridad de la noche y entre unos olivos donde consumaban el adulterio, de una puñalada abrió el vientre de Ahumada, cayendo rápidamente en un charco de su sangre ya desparramada. ¡Ay, qué frágil es la vida y con qué poco se nos va! ¡Ay, joven Ahumada, qué tristeza que me das! Habiendo tantas mujeres, de una casada te tenías que enamorar. Entre recuerdos de su infancia la vida de su cuerpo morosamente huía, y al mirar cómo Ana, con su marido, entre los olivos se escabullía, más triste se sentía.

—¡Oh, madre mía, perdóname —sollozaba Ahumada—, por no dejar sembrada una semilla mía! Consciente estoy que fui la luz de tus días y tu única cría, que me duele irme de noche y sin despedirme en tus brazos y tus ojos, madre mía.

Entre el silencio de la noche y los grillos, que de alguna forma entendían lo que ahí acontecía, miraban cómo Roque Ahumada perdía la vida, tras un fuerte suspiro dejaba este mundo, sin poder ver por última vez la luz día. De Ana Córdoba y Refugio Torres nunca más se supo nada, pero una mañana del día de los muertos, se encontraron unas flores en la solitaria tumba de Roque Ahumada, unos dicen que fue su madre adorada, pero la mayoría afirma que fue Ana Córdoba, su ingrata amada, que lo abandonó a su suerte, aquella triste madrugada.

Mujer de Colima

¡Oh, mujer de Colima, qué hermosa eres!

Bella como la noche, como un crepúsculo que se derrite en el cerro grande.

Hueles a flor de campo, a tierra fresca, a camino mojado de Comala.

Tu aroma es como un campo de cocos de Tecoman. Tu esencia es como la brisa fresca de Manzanillo.

Tu hermosura es como la ola verde de la hermosa Cuyutlan.

¡Oh, mujer de Colima, hermosa como toda hija de ese lugar prodigioso, como sus bellos Jardines, sus adoquines y sus volcanes!

Tus besos son tan frescos como el Agua Fría, como los Amiales y como un vaso de tuba virgen.

El aroma, que despides por tu andar en la calle Madero, huele a flor de un limonero, huele como los vientos de Cuauhtémoc. ¡Oh, mujer de Colima! ¡Eres única, ejemplar, tu belleza es y siempre será incomparable!

Poeta de poetas

Todo es vida, todo es amor, abre tus ojos y lo verás, cierra tus ojos y lo sentirás, descubre tu alma y lo atraparás, entrega tu corazón y conocerás la dicha de un buen amor.

Disfruta el privilegio de poder amar, de sentir, de poder apreciar la perfección de la naturaleza, disfruta del cielo, de la noche, de las estrellas y del universo. Valora la enorme poesía del creador, del poeta de poetas, observa cada detalle, que con mucho amor él creó para beneficio de todos nosotros.

Ama y déjate amar, por la naturaleza, por la vida, por un corazón y por la maravilla del Supremo Hacedor de este universo infinito.

Pecados

Maldita sea toda mi estampa, mi debilidad por las curvas de las caderas y por las mujeres de primaveras nuevas. Execrable es esta flojedad por todo lo malo que causo, y sin importarme el daño que causo. Detestable la hora en que me crucé aquella tarde de domingo con la belleza de Yolanda, no descansé hasta lamerle su espalda y despojarla de esa hermosa minifalda. ¡Ay, Dios mío, cuánto daño engendré a mis pobres niños y mi hermosa mujer! ¡Ay, de mi alma y mi vida, y mi pesaroso proceder! ¿Cuántos días, por largarme con aquella joven mujer, los dejé sin comer?

—Padre mío, ¿cuándo vas a volver? —me dijo un día el mayor de mis hijos.

—No lo sé, hijo mío, estoy atado a los brazos de otra mujer.

—Te extraño, papi lindo —me reprochó el menor de mis hijos—. ¿Cuándo vamos a jugar pelota otra vez?

Y cabizbajo le respondí:

—Muy pronto, hijito mío, estaremos con la pelota entre los pies.

114

Qué amargura por mi mujer, cuánto daño le provoqué, que hasta este momento no entiendo el porqué del suplicio que le causé. ¡Cuánto la hice llorar! Que hasta la fecha trato de no pensar en la congoja que le causé, la vida ya me empezó a cobrar, y de mi bella familia siempre me voy a acordar, aunque merecidamente sé que nunca me van a perdonar. Te pido perdón, Dios mío, por todo el mal que provoqué, consiente estoy que pequé y acepto lo que ahora con creces pago, ya que Yolanda me dejó por un vago de veintiocho años.

¿Quién dijo?

Suena temprano la melodía de mi alarma, me levanto con toda la pereza del mundo, me lavo la cara y me alisto para salir a correr mientras preparo mi licuado.

Caliento por cinco minutos y me dispongo a correr, entre el frío y la brisa fría del mar que llega a mi entorno.

Cinco minutos pasan antes de que mi cuerpo se adapte a mi respirar agitado, sudo, sudo y es lo mismo de diario, me lamento las ocasiones que como de más, que me excedo, que ceno en abundancia y cuando corro cuesta arriba, siento esas calorías que ingerí la noche anterior y me lamento.

De repente llega a mí esa pregunta: ¿Por qué tengo que correr para verme bien?

Sí, a mí me gusta comer, sé que es saludable, pero… ¿Quién impuso esas reglas, quién dijo que estar llenito es malo? ¿O que estar delgado es bueno? ¡Es absurdo!

Repaso y pienso, los bebés entre más gorditos más abrazables, más hermosos se ven, imaginen un bebé flaco, o un niño que si está delgado es porque no come, está enfermo, pero si está llenito lo admiran, que está muy saludable.

Estas reglas impuestas por la vanidad del ser humano me castran, me enervan, me calan.

Uno debe aceptar su figura tal cual, quien te ame será por ti, no por tu peso o cómo te veas, bueno, así tendría que ser, al menos, eso creo yo, por lo tanto seguiré corriendo y disfrutando de los amaneceres.

Despertar

La intolerancia hacia nosotros mismos es inútil, innecesaria, es vana. Basta de renegar unos de otros, de tratar de fingir, cuando podemos resurgir unidos hacia la misma meta. Basta de escupirnos los unos a los otros, de arañarnos, de amartillarnos. Si vamos a seguir caminando por el mismo camino, hablemos, fusionemos ideales, sueños, la desunión solo beneficia a la bestia, al monopolio inmortal, a los consumidores de sueños y sudores. Avancemos juntos, cada quién en su línea, pero con la misma meta, rugir, vomitar nuestras quejas, la inconformidad que nos aqueja, parar a ese perro negro del sistema, que deje de masticarnos, de vapulear nuestra dignidad. Tenemos que despertar de este letargo, de esta somnolencia profunda y prolongada y escupir a la bestia, rasgar su nefasta corrupción.

Indeseable

La gente se envalentona cuando hablan de alguien sin razón y sin el conocimiento de causa y, como siempre, la mayoría estará unida para el festín de carroñeros. Desgraciadamente, toma años para percatarse de que los que alguna vez rieron contigo, ahora son jueces y verdugos, que te escupen a tus espaldas. Una vez, un amigo se disculpó porque de pequeño era fácil que de todas las travesuras que hacía se me culpara a mí, porque yo era como el indeseable, siendo muchas veces acusado injustamente, veo que eso no ha cambiado y creo que no cambiará. Tarde o temprano la vida te devuelve todo y a mi paso llegan personas sin máscaras, genuinas, que no ocupan conocerme de años para valorar mi amistad y doy gracias a todos ellos.

Sin voltear atrás

No te sientas triste, la vida es maravillosa y no siempre se gana, tenemos que resignarnos y seguir nuestros caminos en forma paralela sin voltear para atrás, eso nunca ha sido bueno. En la vida siempre se topa uno con muchos caminos, opciones, posibilidades, decisiones y no siempre hacemos lo correcto, y eso no es ser desleal, es solo que los instintos muchas veces son alevosos. En la vida es difícil hacer el paso de la muerte, sobre todo cuando tu entorno está rodeado de costumbre y resignación, nuestras prematuras decisiones son el purgatorio terrenal, el averno de equivocaciones y conllevar y naufragar en el estigio de las ilusiones calcinadas. No caigamos en abismos de las preguntas sin respuestas, del por qué no se coincidió en los tiempos, por qué no hubo los amasijos necesarios para alimentar nuestras ganas de seguir el mismo derrotero. Este onanismo de nuestras ganas e ilusiones es precoz pero necesario, inevitable, nuestro raudo encuentro fue placentero y muy hermoso, pero ahora las circunstancias y los segundos lo desmoronan lentamente. No habrá pestillos ni en mi alma, ni en mi corazón, ni en mi forma de pensar, mis ventanas estarán abiertas a tu brisa, seré un buque para aguantar los vendavales de impotencia y no será un óbice para no ser feliz, ni una dimisión de sentimientos, simplemente nuestras almas serán equidistantes a nuestros corazones.

Amigo

¿Amigo? ¿Qué significa esa palabra? ¿Qué es en realidad un amigo? Llamar a alguien amigo, en mi humilde opinión, no es para cualquiera, tenemos que escoger muy bien a quién hacemos nuestros amigos, es indispensable rodearnos de gente que sume en nosotros, no que nos reste. Un amigo siempre está cerca, te llama, te busca, te visita sin ningún pretexto y sin ninguna necesidad. Un amigo es aquel que aparece cuando menos lo esperas y cuando más lo necesitas. Un amigo te pide un favor, no te lo exige. Un amigo es más que un apelativo afectivo, un amigo te ayuda sin pedir explicaciones, un amigo no te consuela si estás llorando, llora contigo y junto a ti busca una solución. Un amigo no significa tiempo, si no calidad y honestidad. Decir amigo es como decir hermano, y no cualquiera es tu hermano.

Distancia

¿Y qué si nuestro amor es a distancia? Qué le importa a la gente lo que tú y yo hagamos. Amor es amor, de lejos o de cerca, existen parejas, sí, muchas parejas que están cerca pero tan distantes, y eso es triste, porque para amar no se necesita estar cerca o lejos, el amor habita dentro de nosotros y no me mal interpreten, el amor es bello de cerca, claro, pero la distancia no es impedimento para amar, sino todo lo contrario, lo hace fuerte, se desea con pasión desmedida y si eres capaz de mantener una relación a lo lejos, eres capaz de hacer maravillas en corto. Hoy día todo es superficial, casi nada es real, todo es efímero, plástico, la gran mayoría basa su amor en la genética, escogen alguien que según ellos mejore su especie, qué triste y vano es "amar" así.

El amor en este planeta va en picada, está en peligro de extinción, árboles superficiales, áreas verdes superficiales, pastos sintéticos, existen más cirujanos plásticos que cardiólogos, y eso es triste, la gente ocupa de implantes, de cirugías llenas de vanidad, en el nombre del: "Me quiero sentir por fuera bien conmigo mismo, no soy feliz y los implantes y la cirugía definitivamente me van a cambiar la vida, siempre lo quise hacer y solo se vive una vez", cuando en realidad lo que buscan es que las miradas los hagan sentir bien, deseados, atractivos, y esa es la tonta verdad.

Qué triste realidad, si el amor, si el hecho de despertar vivo todas las mañanas para disfrutar de un nuevo día, si tener salud y tus facultades en perfectas condiciones, no te motivan a sentirte feliz, a estar contento por dentro y por fuera, lo siento mucho, porque estás en el planeta equivocado.

Si para sentirte bien contigo mismo ocupas de cosas materiales, de implantes, de cuerpos esculturales pero sin cerebro, si te importa el qué dirán de la muchedumbre, estás por la senda equivocada, no encontrarás el amor jamás.

Ni tú ni yo

Vengo de siempre y no pararé nunca. Sé cómo me llamo, más no sé exactamente cómo soy, en ocasiones soy como el humo o como el viento, la mayoría de las veces suelo ser una sombra que se esconde entre las sombras de las sombras. Nunca paro, siempre tengo a dónde ir, todo a mi paso suele marchitarse, soy puntual como nadie, jamás llego tarde, siempre a la hora exacta, el tiempo es parte esencial en mi faena. Amo la vida aunque no lo parezca, soy amante de todas las vidas, de vez en cuando me paro donde no debo, no puedo resistirme ante el sonido de un último suspiro, de un último latido. Nadie me conoce pero todos me temen, todos me esperan pero nadie quiere que llegue. No existe nada que me moleste más, que alguien ejecute el trabajo por mí, soy muy responsable, a mí me gusta llevarme a todos de la mano... Si no me conoces, si no sabes quién soy, tarde o temprano lo sabrás, no me verás, pero créeme que me sentirás, me olerás, tenemos una cita en la cual ni tú ni yo podemos faltar, aunque así lo quisiéramos.

Inocencia

Un niño es el ser más puro y tierno del universo. Tenemos que cuidarlos y protegerlos, jamás hacerles daño, sino guiarlos y enseñarlos.

Los niños son muy sensibles e inocentes, dales tu paciencia y conocimiento, no les sueltes la mano nunca.

Juega con ellos, comparte tiempo y espacio, convive con ellos, muéstrales lo bello de la naturaleza.

Dales libros, aliméntalos mentalmente y harás de ellos unos seres humanos ejemplares.

Luna

Desde mi ventana puedo ver la luna en la estrellada noche Angelina.

Es como ver un gajo de una naranja flotando en el firmamento, con un color como de toronja. ¡Soberbio!

La belleza es sorprendente, la yuxtaposición de las estrellas, las nubes y los edificios de la ciudad con la luna, es sublime. Qué belleza y qué privilegio que yo pueda verlo.

Me hace pensar que me gustaría una princesa que disfrute de estas cosas como yo, que valore el privilegio de lo simple como nadie más.

Gracias, universo, por tan bella creación, gracias por acordarte de nosotros.

Mujeres y hombres

Mujeres:

No busquen un modelo, alguien que tenga miles de cuadros en el estómago y un coche último modelo.

Busquen alguien que les cante, alguien con quien, cuando despierten, encuentren una rosa y un desayuno en su cama. Encuentren a alguien que les abra las puertas a su paso.

Hombres:

No busquen un cuerpo, una cara bonita, una mujer despampanante.

Busquen alguien que los mime, que los vea a los ojos cuando les diga te amo.

Encuentren a alguien que los despierte con un beso en las mañanas, alguien que valore su tiempo y su amor.

Hombres y mujeres, déjense de fregaderas, busquen corazón y alma y no nefastas chingaderas.

El arte de besar lento

Besa lento, apasionado, disfruta de esa comunión entre tú y tu amor. La vida de eso se trata, de gozar, de tomarte tu tiempo para las cosas que realmente valen la pena, para que cuando no estés cerca, sientas como que estuviera pasando. Besa lento y siente cómo esos treinta y cuatro músculos de tu cara se mueven mientras te entregas, para que sientas las ciento cincuenta veces que, por lo regular, late tu corazón con la adrenalina que sueltas al besar. Besa lento y siente lo lindo que es amar, lo hermoso que es sentir el respirar, la suavidad de esos labios húmedos y cálidos. Besa lento y olvídate de todo, al menos por ese instante, disfruta del momento, sé consciente de lo que estás compartiendo, vívelo, siéntelo, valóralo, que muchas veces el mañana solo depende de eso. Por eso te digo que beses lento y existirás contento.

Desquiciado

El escribir, el plasmar, expresar, sangrar, escupir algo en un papel o en un monitor, ya sea de amor, de pasión, de dolor, de angustia, de alegría, de coraje, contra el sistema sucio, de lo que sea, es para todo aquel que al leerlo se identifique y lo haga suyo.

El escritor crea ungüentos para el alma, para el corazón, para sanar heridas ajenas y propias, en la mayoría de los casos, ajenas.

Un poeta cabalga por la senda del delirio, de la locura, y escribe para que la gente se adentre en sus letras y eviten galopar por esos caminos ya pisoteados, bañados de lágrimas y sudores por la desdicha de los que ahora escriben.

Después de todo, el público es el que enciende la hoguera de sentimientos de todo escritor.

Para finalizar, todos los escritores son iguales, la única diferencia entre éstos, es que unos están más desquiciados que otros... Casi nada.

Llorar

Nuestro tiempo por este planeta es solo un abrir y cerrar de ojos... Mucho llanto, demasiado, diría yo.

El nacer y el morir tienen tres cosas en común:

Número uno:
El nacer y el morir es carísimo.

Número dos:
Al nacer venimos de una concavidad y al morir vamos a otra concavidad.

Y número tres:
Al nacer llegamos a este mundo con miedo y luego lloramos, y al morir también nos vamos llorando y con miedo.

La vida es una línea de sucesos que nos hacen llorar. De pequeños, lloramos de todo; si estamos incómodos, si no nos entienden, hasta para comer lloramos.

Después, lloramos si no nos dejan ir al cine o salir, si no nos dan dinero.

Después, lloramos porque alguien nos rompe el corazón o si nos hacen daño.

Más tarde, lloramos de alegrías y satisfacciones, de orgullo. Más adelante, lloramos por amor, por nuestros hijos, de impotencia porque las cosas no son como queremos.

Se llora siempre y por todo, y la verdad, viéndolo radicalmente, en esta vida no estamos viviendo, sino muriendo, poco a poco, desde el momento que nos gestan empezamos a morir lentamente y por lo regular, unos más rápido que otros.

Por eso disfruta mientras mueres, no temas a ser feliz, aunque tengas que llorar constantemente.

Universo estelar

Poco a poco veo la tarde desvanecer, transformarse en una bella noche, pintarse de estrellas que brillan con mucha intensidad.

Cierro mis ojos para sentir la magia de la noche, para sentir esa brisa fresca que recorre mi cuerpo y para apreciar el milagro de la naturaleza.

La luna me sonríe, me habla, me canta y la escucho, ese canto mágico que solo los que conocemos el amor podemos escuchar.

Me siento libre, soberano de este universo estelar y lo que más feliz me hace en realidad, es que tu recuerdo se desvaneció de mi mente y de mi corazón, como la tarde al convertirse en noche, como el mar que borra las huellas en la arena y como el aroma de la flor.

Expresa

Si deseas algo con muchas ganas lucha por lo que quieres, mueve cielo, mar y tierra, el universo si es necesario, pero jamás te quedes de brazos cruzados. En la vida tenemos que ser fuertes y enfrentar los desdenes que en el tiempo puedan florecer, traza tus metas y sigue tus líneas, que nadie te diga que eres un idealista, un fatalista, es tu vida y vive a tu antojo. No dejes que nadie te robe tus ánimos, tus ilusiones, el ser humano es el animal más despiadado y peligroso que existe y tienes que tomar precauciones. Expresa tus sentimientos, tus inquietudes, no dudes en buscar respuestas a tus dudas, arriesga con inteligencia, con seguridad, porque el que arriesga por arriesgar sin inteligencia está destinado a perder. Nunca olvides que no sangramos si no damos pelea, y es mejor sangrar que llorar por los hubiera.

Modesto Zepeda Jr.

Poemas Negros y Grises

Silencio

La tierra tiembla, las aves no vuelan, no cantan,
el sonido cotidiano duerme, el cielo vierte sangre,
angustia y dolor.
Un palpitar se ha desprendido de su alma y ha fenecido sin
poder besar la luz del día,
sin poder acariciar la obscuridad de la noche,
sin poder admirar el vasto mundo estelar dador y creador de
vida.
El viento guarda quietud, los lobos aúllan letanías vestidas
de gris tristeza, las serpientes no se arrastran, los cocodrilos
interrumpen su llanto perpetuo, los columpios no se mecen.
Luto absoluto, la humanidad no sabe por qué, pero nadie dice
nada, nadie se queja.
Una semilla de carne y hueso que no germinó,
se extravió en el pedregal del milagro de la existencia. ¿Será
una estrella más en lo alto del firmamento? ¿O un ángel en el
misterio del más allá?
Me pregunto si será juzgado y resucitará para poder conocerlo
en el paraíso prometido, si podrá mirarme a los ojos y
llamarme... ¡Papa!
No lo sé y no estoy seguro de si lo sabré,
lo único que sé, es que el sol nos dio la espalda
porque una vida se ha evaporado antes de besar la
luz, antes de poder exhalar un dulce y suave Mamá y Papá.

Tiempo

Tiempo, tiempo, tiempo, tiempo.
¿Por qué eres así?
¿Por qué nos despojas de nuestra juventud?
Eres impecable, infaltable.
Te llevas todo y a todos,
eres un mal eterno,
te detienes cuando quieres,
y te apresuras a tu antojo.
¿Por qué eres tan despiadado?
¿Por qué, cuando somos felices
o disfrutamos de algo, eres rápido como un suspiro en el viento?
¿Por qué, cuando navegamos en dolor o en sufrimiento, te demoras, caminas lento?
¡¡Eres hipócrita!!
¡¡Eres nefasto!!
¡¡Eres un hijo de mil carajos!!
Como tú eres inmortal,
no te importan los demás,
eres egoísta, eres ladino,
eres sádico y desconsiderado, apenas unas décadas
y ya me tienes lacerado,
lastimado y avejentado.
¡¡Maldito seas tú y tu cronos!!
Maldito, una y otra vez...

Timorato

La miré pasar junto a mí como un pavo real, hermosa como una puesta de sol, como un amanecer. Su belleza era tanta que me dolía hasta la sombra, me desnudaba los huesos. Su aroma de Diosa me impactó, me dejó inmóvil, no pude decir nada, me quedé trabado en un instante, en un torbellino de sensaciones y palabras que se saturaron en mi garganta. Suspiros mudos y pensamientos que gritaban, como un preso que cumple una condena perpetua, como un chico de quince años que acaba de descubrir la desnudez de su vecina, y yo no podía decir nada, me desesperaba, me comía las ganas de esa hermosa creación. Su perfume se alejaba detrás de ella, mientras yo lamentaba todo lo que le podía decir y no me atrevía, la oportunidad era cada vez más platónica y me dolía más, mi cobardía me molestaba sobre manera.

¿Qué era lo peor que me podía pasar? El no estaba garantizado, todo lo demás sería ganancia. Corrí hacia ella como en busca de la inmortalidad, le diría todo, le diría tanto; que era una Diosa, que era la mujer más bella, la más hermosa, que por ella era capaz de todo, que por uno de sus besos hasta la vida daba. Iba decidido a todo, ¡matar o morir! Al llegar a ella, valeroso, agigantado, armado de un valor que yo no conocía, le dije:

138

—Hola, me llamo Demian... —Y de repente la inseguridad se apoderó de mí y solo me limité a preguntarle la hora a esos hermosos ojos color miel. Con una voz angelical me contesto:

—Lo siento, pero no tengo reloj.

Me quedé petrificado, como el pueblo Judío ante Goliat, sin saber qué decir, me di la vuelta y me alejé. Jamás la volví a ver y hasta este día, me lamento lo timorato que fui.

A tu lado

Hijo mío, no sufras más que aquí estoy, a tu lado, siente mi tibia y honesta mano, mano sincera y sin pecado. Desde hace tiempo que escucho tu llamado, que veo tu dolor, hijo mío, entiendo y comprendo todo lo que sufres y sientes, lo mismo mi padre que no para de sufrir ante tu dolor, ante el sufrimiento y las injusticias creadas por Mefistófeles. Nunca reniegues de que no te escuchamos, te aseguro que no es así, pero todo tiene un propósito, absolutamente todo, mi padre no se equivoca. Tus lamentos y tu dolor no son los únicos, créeme que no, son muchos los que claman por mi padre por medio de mi nombre, y a cada uno de esos llamados los escuchamos, para mi padre no existen imposibles, es el creador de todo lo posible y lo más posible, él nos ama a todos por igual, sin excepciones, sin colores, ni edad, seas malo o bueno, él nos quiere parejo. Te voy a confesar algo, el dolor existe, siempre está ahí, es parte de la imperfección de la humanidad, parte del pecado heredado, pero cuando el dolor se acaba, ¿qué piensas que pasa con el dolor? ¿Que se va? ¿Que un doctor lo elimina? ¿Que se evapora? No, hijo mío, no es así, nuestro padre celestial, el que me puso a mí enfrente de ti, es el que alivia el dolor, es el que cura los corazones rotos, tarde o temprano lo hace, lo pidas o no, él se apiada de cada uno de nosotros porque nos ama, nunca lo olvides, hijo mío, nunca has estado solo y si abres tu corazón y tu fe, nunca lo estarás.

Vuela, Ángel mío

Sé que tienes que partir,
no sé si nos volveremos a ver,
no lo sé.
Sé que cuando el día acabe te irás de mi lado,
y quizá para nunca más volver,
y sabes, cosita mía, lo entiendo,
entre este dolor y sufrimiento, lo entiendo.

Vuela, ángel mío,
vuela y no pares nunca,
vuela y encuentra esa paz que dé vida a tu alma
y a todo ese daño que la humanidad te ha causado.

Me hubiese gustado haberte conocido antes,
cuando tus ojos brillaban a las frases del amor,
cuando tus pies bailaban al compás de una canción,
sí, amor, antes de que se marchitaran en ti las flores,
los atardeceres y la magia por el amor.

Mujer hermosa, dueña de esa voz que me convence a ser lo
que soy,
un ser agradecido de haberte conocido en estas efímeras
estancias del amor.

Vuela, ángel mío,
vuela y no vuelvas más,
encuentra lo que buscas y hazlo tu ritual.

Cielo negro

Ahora estamos en una etapa de distanciamiento temporal, bueno, eso creo, yo todavía te quiero; mejor dicho, te amo, porque ni la distancia ni el amor me derrumban. Tú estás en tu dolor y yo estoy buscando una solución a tu dolor, una poesía que desencante el hechizo de aislamiento que en ti perdura. Me destierras del litoral de tus días, de tus horas, de tus buenos y malos momentos, por qué insistes en alejarme de ti, si sabes que te necesito, que tú me necesitas, que nos necesitamos diariamente, estúpidamente, tú me das alegría y yo te doy seguridad y mucha felicidad. No te pierdas en el abismo del egoísmo de tu necio empeño de sufrir a solas, porque te pierdes y me pierdo, nos perdemos, y para encontrarnos nos odiamos, pero así nos entendemos, te entiendo y creo que me entiendes.

Te busco, me buscas y no nos encontramos, nos escondemos, y es que es tan bonito que te busquen, que te encuentren esos ojitos llorosos y arrepentidos.

Cosita hermosa, no llores, desclávate y ven a mis brazos, yo lameré tus heridas con mi seca lengua, seca de angustia y soledad de tus efímeras ausencias.

Bésame, muérdeme, tócame, abrázame, escúpeme, maldíceme, pero no te apartes de mí... no... no te alejes ni un solo segundo, es horrible estar bajo este cielo negro que forman tus escalofriantes ausencias, tus eternos silencios y esas miradas mudas que se esconden y que lloran a mis espaldas sin que yo pueda secar esas lágrimas que para mí son sagradas, sagradas como todas la bancas del jardín de tu amor, donde, en silencio y bajo el poder de tu saliva, yo te besaba sin descansar por horas, hasta deshidratar tu tierna lengua. No te tortures más ni me tortures, soy quien te ama como eres, así con todo ese equipaje pesado con el que cargas, yo también tengo esqueletos en el closet y un equipaje que pesa el doble de lo que tú cargas, pero soy más fuerte y quiero cargar también con el tuyo, sin que jamás escuches un solo lamento por el peso de los dos, ni un solo quejido, mi amor. Tú alimentas mi alma, así eres y así soy, juntos armamos el rompecabezas de nuestro amor, donde tu corazón y mi corazón son las piezas más importantes de este hermoso y tierno idilio azul, y por más que tus ausencias formen ese cielo negro, nunca te soltaré tu cándida mano, porque me amas y te amo, y después de ti y de mí ya no existe nada, todo es silencio y vacío.

Hoy no quiero escribir

Hoy no quiero escribir, no puedo escribir, me han cortado mis alas y no puedo volar, me han sacado mis ojos y no puedo mirar, me han secado el alma y no puedo sentir, me han arrancado el corazón y no puedo amar... por más que lo intento, es imposible. Hoy no quiero escribir porque estoy navegando en un desierto de soledad y abandono, en un valle de indiferencia y frialdad, estoy enterrado en la nada, donde lo único que existe es el sonido de mis lamentos y mi agitado respirar. Hoy no puedo escribir nada, hace falta tanto a mi lado, mi niñez se ha esfumado de la mano mezquina de mis "amigos", y el lugar donde crecí ya no es el mismo, mis ilusiones las han quemado una a una, la sonrisa de mi padre se me ha olvidado, mi abuela ya no puede consentirme y mi hermano mayor se fue a vivir a otro planeta cuando se casó. Hoy no quiero escribir, no puedo escribir, no quiero escribir; quiero huir, huir de todo, pero para poder huir tengo que huir de mí mismo y es imposible huir de mí mismo, ¿cómo? Ya no quiero amar, porque ese amor puro, noble, inocente, sincero, me abandonó hace tiempo, cambió de cuerpo o tal vez se evaporó, no lo sé y no quiero saberlo, solo sé que hoy... que hoy no quiero escribir.

Colisiones

Odio el sol de tu vía láctea.

Aborrezco la gravedad y las colisiones que me llevaron a ti.

Me lastima tu rotación y tu traslación, y esa órbita tuya que es insolente.

Falsa fue la gravedad de tus planetas, sin verdad, como el mercurio de tus ojos, como lo seco de tu tierra bastante habitada por hoyos negros.

En tu Urano solo existe soledad, Neptuno querías oportunidad, pero amaba tu Venus, sin importarme tu Marte.

Tu Júpiter siempre lo recordaré, y aunque fue Plutón tu partida, no te Saturno nada.

Me perderé en la nebulosa de tu Supernova y navegaré por otras galaxias en busca de nuevas estrellas.

Cementerio de recuerdos

Si te vas, si me dejas sin tu amor, yo soy nada,
soy como una rosa sin pétalos,
como un ave sin sus alas,
como un beso sin lenguas,
como una casa inhabitada,
como una noche sin amantes,
como una espera sin llegada.
Sin tu amor me vuelvo gris, tenue,
me oxido,
me escondo debajo de la cama,
me arrincono,
me aparto de todo y de todos,
me pierdo entre paredes y puertas de madera,
madera hueca, apolillada como mi alma,
como mis manos,
como mi corazón.
Te alejas, te marchas, y no solo te llevas tus cosas y tus
recuerdos, si es que los llevas, te llevas mi dicha,
mi calma, mi alegría, mi orgullo, te llevas lo mejor de mí,
dejándome en un cementerio de recuerdos,
en una miseria de dolor, de inseguridad,
de fantasmas de tus besos, de tus caricias
y de esa forma tan tuya de hacer el amor.
¡Ay, qué dolor, por Dios!

Cómo me quema, cómo me desgarra tu cruel indiferencia, cómo me revolotea tu "perdóname, es que soy débil" No, no, no se vale. ¿Cómo es posible? ¡No puede ser! Ayer amantes, inseparables,

ahora desconocidos, fríos y dentro de un mar de indiferencia que nace de ti, de tu olvido.

¿Qué hice mal? ¿Dónde te fallé?

Qué fuerte es verte alejar sin poder hacer nada, sin poder detenerte,

qué angustia es escuchar tus pasos perderse tras de ti a la vuelta de la esquina,

qué sentimiento me causa el saber que ya no caminaré de tu mano, palmo a palmo,

que tu miel ya no será mía,

que todo eso se va...

Se va con tu despiadada partida, tu muda e invisible despedida.

Fumarte

Voy a fumarte toda, voy a quemar todos tus recuerdos, voy a humear todos tus besos, todas tus caricias, voy a aspirar hasta el último de tus suspiros.

Voy a chupar hasta la última gota de tus mentiras, hasta el último rescoldo de tus desprecios, voy a arder hasta la más falsa de tus sonrisas.

Voy a consumirte lentamente dentro de mi corazón, de mi mente y por último de mi alma.

Voy a incinerar toda tu historia, todos tus vestigios sobre mi masticada piel por tu frialdad, voy a calcinar el sabor de tu saliva, el olor de tu aliento.

Agostaré todas las caminatas tomados de la mano, todas las tardes en casa de tu hermano.

Voy a carbonizar todos tus "te quiero", hasta el último de tus "te amo".

Y prometo fumarme todo ese vacío en tu mirada cuando me dijiste "adiós" esa fría mañana de invierno.

En la obscuridad

Estoy gritando en silencio, a solas, a escondidas, para que no me escuches, para que no me veas. Estoy a obscuras para no ver la luz de tu recuerdo, para no ver el camino que conduce a tu madriguera, a tu trinchera.

Estoy lamiendo mis heridas, me estoy comiendo las uñas, rastreando mis emociones para aniquilarlas. Estoy aquí ahogando mi dolor, recitando mis penas con palabras mudas, frías y bien muertas.

Estoy en este nicho, en esta concavidad de martirio, de delirio, mi pecho es una poza a tus recuerdos, soy una sombra débil entre la luz y la obscuridad.

Tus falacias al final del exilio al que me condenó tu ingratitud, tu fatua actitud, tu corazón amorfo, tus argumentos de pacotilla que me pusiste sobre la mesa de mi dolor, fueron tan relativos, lúgubres, tenues, como tu taciturna marcha.

Tu inefable atisbo, tu contrita conciencia ahora que tu densidad es escasa, ahora que volteas a ver tu pasado, yo ya me he marchado, a ese espacio solitario donde mis heridas habrán de cicatrizar, más de lo que ya están, a donde ya te veo a lo lejos, en el punto exacto donde te desvaneces de la faz del horizonte y de mi mente.

Cuesta arriba

Quise conocer todo de ti, anhelaba las llaves de tu interior, ser vida dentro de tu pecho, regar las flores de tu alma y las plantas de tu corazón, ser noche y día en tus ojos y tus labios.

Fui puro como la caricia de un recién nacido, te obsequié mis suaves manos y mi ilusión de marinero del Océano Pacífico. Fue un lid cuesta arriba entrar al secreto de tu verdad y tu vida, yo solo quería conocerte un poco más, que no es pecado ni falta a la moral.

Misteriosa como la vida misma, cautelosa como un jaguar, reservada como un sordomudo, eras luz de día y ausencia por las noches. El sabor invisible de tus labios tengo en mi lengua, caricias en una sala de espera, ganas en sus marcas, listas, pero jamás fuera.

Tu amor estaba escrito en el viento con letras de humo muerto, que por un momento pensé que podía ser cierto. No te digo adiós, sino hasta pronto, porque la vida es corta y la soledad cala hondo y a la larga, apesta.

Sobredosis

Me siento como en medio de una muchedumbre que clama muerte, que se muerde las uñas por mirar mi sangre desparramada en esta tierra que ya no es sagrada, que está llena de lágrimas y sudores de millones de humanos que lo dieron todo sin recibir nada, y a fin de cuentas, no dieron nada. Floto como alma en pena de un astado en una plaza de toros, donde yo soy la bestia que tiene que morir y miles de toros aplauden para que yo reciba la estocada mortal y deje de existir. Camino entre lenguas de crónicas agonías, entre aspavientos de lamentos que jamás serán escuchados, donde ni la gente que habita los cementerios descansa perpetuamente. Oh, Sodoma y Gomorra, ahora entiendo el mal a flor de piel, si Noé construyó un arca para salvarse, ¿qué ocupo edificar para escaparme de este veneno tan vil y cruel? Imploro perdón a todo aquel que mal le causé, en especial a mi madre, donde quiera que esté, hace tanto que se fue para nunca más volver, como lo haré yo esta tarde donde no para de llover, donde sin yo querer, ya me toca fenecer, por esta sobredosis que me apartó de amar, de querer, y que desde hace tiempo se apoderó de mi ser.

151

En la nada

Cierra tus ojos y encuéntrame en la nada, en esa ausencia obscura llena de colores tenues que van y vienen como nubes negras a punto de detonar en lluvia. Rastréame dentro de la sangre de una rosa que nadie mira, de una rosa que ni el sol acaricia. Persigue mi penumbra sonámbula por el sendero de los corazones en estado terminal, tal vez por ahí estaré, buscando consuelo para no ceder a este lúgubre espacio de soledad. No cedas y encuéntrame, libérame de mí, rompe las cadenas de este lóbrego destierro interno que habita en mí como un cáncer que no mata pero que te hace sufrir. Para esta hemorragia de sueños que mueren antes de nacer, déjame encontrar en las alas de tus besos esa placenta que me hará renacer en ti, ilumíname con la lámpara de tu alma en esta taciturna cavidad subterránea de mi aislamiento y alumbra la rosa que sangra entre mis manos, tómala y dale vida con el sol de tus ojos y el elixir de tu amor.

Inútilmente

Noche fría y solitaria, café en mano ya casi frío y una colección de recuerdos a flor de piel que trato de escupir, pero se aferran a no salir.

Hurgo en la mirada de los pezones de la luna y su pálido sexo, indago alguna salida a esta necia soledad. Busco inútilmente tu sonrisa en esta noche vacía de tu aroma y tu anatomía.

¿Dónde estás? ¿Qué es lo que tus ojos miran?

O, si estás dormida, ¿qué es lo que sueñas, vida mía? Cuánta ausencia en mi presente, en el instante de mi respirar, en el litoral de los latidos de mi apesadumbrado corazón. Obscuridad sin estrellas, solo la luna, que no me deja, que me consuela inútilmente. Ocupo tu mirada para inspirarme, demando la belleza de tus ojos a que me electrifiquen esta catarata de pasión de mi amor por ti, este volcán a punto de estallar porque no estás aquí. Devuelve mi calma y a la noche sus astros, para que en esta madrugada nos llenemos de besos y momentos gratos, dejando atrás los recuerdos malos e ingratos.

"Idiota"

Tal vez soy como dices, como todos los que te has topado, un "idiota", y ¿sabes qué?, tienes toda la razón, soy un idiota, eso es lo que soy.

Un idiota por quererte como te quiero.

Un idiota por perdonar todas tus infidelidades.

Un idiota por creer en ti.

Un idiota por soñar, por creer en el amor, por creer en tus promesas.

Un idiota por tolerar tus insolencias, por dejar que me faltaras al respeto.

Soy un idiota por estar todavía escribiendo esto para ti, esto que me hace más idiota, pero sabes, te voy a hacer caso, mejor me voy antes de que me mandes a la mierda.

Hasta otro tiempo, este idiota se va.

Un solo sentido

Te escucho, te veo, alcanzo a verte y no sé, pero te veo, trato de no hacerlo pero es casi imposible, te veo vestida de verde, activa, pero no contestas, no quieres contestar, solo miras, no sé si suspiras o exhalas, no lo sé. Es triste el silencio, es triste cuando las calles son de un solo sentido, pero qué puedes hacer, nada, no se puede hacer nada, solo ignorar y no prestar atención a quien no necesita atención, porque tal vez la tiene en exceso, no ser prioridad cuesta, duele, es esa extraña sensación que te nubla el pensamiento, y no quiero ser una nube en el aire esperando hacer procesado, como un archivo, como una fotografía, como una salida de emergencia.

Quédate

Quédate, por favor, quédate, el sol todavía no se oculta, estamos a tiempo, por favor, quédate, no sueltes mi mano, sé que cometí errores pero soy solo un simple humano. No quiero estar solo, no quiero estar entre dolor y llanto, por favor, no te vayas, quédate, solo una eternidad, tan solo eso, mi vida no la veo si no es a tu diestra y yo a tu siniestra. Todavía el sol tiene vida, brilla, no te vayas, espera, tengo tanto por darte, esto es solo el principio, no me dejes así, no quiero verte partir, mi piel tiene necesidad de ti, mis labios se secarán si te vas, quédate, quédate, por amor del creador, quédate. No me veas así, por favor, no llores, estoy tratando, intentando detener tu partida, acuérdate de esos amaneceres de entrega total, sin límites, y miles de sensaciones corporales. Acuérdate de esos días lluviosos cuando te cantaba esas canciones de amor que tanto adorabas. Acuérdate de mi voz cuando te dice te amo, te amo, te amo como nunca antes amé. Mírame, galletita, por favor, mírame y quédate, mis brazos necesitan de tu calor y mi pecho cálido de tus mejillas no se puede separar, quédate, que todavía no es de noche, quédate y alumbra mi vida, ilumínala con esa bella luz que nace de tu sonrisa, de lo tierno de tu mirada y del brillo de tu bella cabellera. No me prives de la belleza de tus pies y esos dedos tan bonitos, no me apartes de tu suave piel, no te lleves la melodía de los latidos de tu corazón, quédate, quédate a mi lado y deja fluir la música de tu belleza otra vez.

Bastardo

Ofrezco un amor, sí, mi amor, un amor puro, transparente, sin maldad, sin autoridad, un amor libre, sano, fiel, sin mentiras. Quiero compartir mi tiempo, mi mundo, mis sueños, mis colores de la vida, quiero consentir, vivir, cantarte la noche entera, quiero poder dar todo lo que soy, que no es mucho, ni poco.

Ofrezco mi amor, un amor de atardeceres, un amor a base de letras, de detalles, un amor alimentado por la música y la buena convivencia, un amor bajo la lluvia, un amor al amanecer.

Ofrezco mi vida entera, mis anhelos, mi comodidad, sé que no a muchos les gusta este tipo de sensaciones y emociones, pero mientras no llegue esa persona ideal, mi amor seguirá siendo bastardo.

Acábame

Quiero descubrir ese misterio de tu silencio.

Quiero saber qué es lo que piensas, qué es lo que pasa por tu mente. Me cuesta trabajo leerte, descifrar esa mirada tuya, esa mirada helada, que para ser sincero, te hace ver como una diosa, arrogante, elegante, fina y regia.

Déjame descubrir ese misterio bajo tu piel, bajo ese fresco aroma que mana de tu escultural ser.

Me desespera el no saber qué escondes, qué piensas, qué es lo que sientes, y me doblego ante tu esencia de mujer. Sé que tal vez no soy lo que esperabas, tengo defectos, claro, lo acepto, pero soy fiel y doy todo de mí. Te quiero pedir algo; si me vas a dejar, déjame de una buena vez, no me tortures más, al menos dame esa satisfacción. Sé que no fui el mejor, pero mi amor y mi tiempo a manos llenas te los di.

El amor por ahí me encontrará de nuevo, somos muy buenos amigos, pero mi tiempo, ni cómo hacerle, por eso acábame de una vez, con dignidad, con estilo, como sabes depurar.

Solo

Me siento más solo que un poeta sin su musa.
Más solo que un amanecer nublado.
Más solo que un niño sin su madre.
Más solo que un beso en singular.
Más solo que un abrazo vacío.
Más solo que un triunfo sin nadie con quien festejar.
Más solo que un te amo sin respuesta.
Más solo que una masturbación.
Más solo que... un cuerpo sin vida.

Amén

Bajo el tren de una realidad vacía cabalgo día y noche, tratando de encontrar una salida a este amor que se decolora poco a poco.

Un infinito de incertidumbres me espera, una colección de abrazos y besos vacíos me aguarda paciente, en una silla de madera apolillada por el viento salado, por suspiros de llanto y dolor.

Dudas y más dudas marcan mi piel como piquetes de mosquitos, que mastican incesantes mi tierno pecho, trato de salir de esta niebla sin sabor e incolora.

A ojos cerrados tengo que avanzar, marchar vendado del alma y del corazón, no puedo mirar atrás porque afecta el camino que ando y que me aguarda, duele, duele mucho, roba sueños y marchita ilusiones.

No puedo hacer mucho porque ya mi razón de ser lleva tu nombre, lleva tu fotografía mental constante, mientras tejo futuros en cimientos que ya no sé si son seguros, pero qué puedo hacer, si ya mi piel está debajo de la tuya, si abrí la ventana de mis ojos y mi lengua y entraste sin siquiera preguntar. Ay, lluvia mía, ten piedad de mí, ay, cielo azul y majestuoso, protégeme de todos, pero principalmente de mí... Amén, amén...

Nada

Vida, qué corta eres.
Tiempo, qué rápido pasas.
¿De dónde venimos?
¿Hacia dónde vamos?
No somos nada.
Absolutamente nada.
Venimos del pecado,
y vivimos pecando.
Mentimos por placer.
No valoramos lo verdadero.
Somos esclavos de lo fácil
y enemigos de lo difícil.
Clamamos justicia,
pero somos injustos.
Queremos un amor,
pero vivimos odiando.
Queremos una familia,
pero usamos preservativos,
preservativos del alma y corazón.
Lo queremos todo,
pero por nada luchamos.
Odiamos esperar,
pero hacemos esperar.
Queremos ser atendidos,
pero cuesta dejar la comodidad.
Vivimos en reversa,
y para adelante, solo que nos empujen... Si no, pues, ¿cómo?
Nos creemos en centro del universo,
y no somos nada, dolorosamente nada.

Fuiste

Fuiste niebla que se quemó con los rayos del sol al amanecer. Fuiste como el llanto de un primer día de escuela.

Fuiste crónica de una pasión efímera, con pies pero sin cabeza.

Fuiste dolor y tristeza que empañó lo diminuto bueno que hubo entre tú y yo.

Fuiste casi nada, más bien nada, cero, vacío, sin vida, sin alma.

Fuiste un hermoso sueño que se tornó pesadilla, una muy mala pesadilla.

Fuiste nada de lo que presumías ser, nada de lo que te inflaba de soberbia.

Fuiste verdugo de mi inocencia y mis ganas de amar y ser amado.

¿Sabes? Yo solo fui esa mala siembra que algún día habrás de cosechar...

Y a pesar de todo no he aprendido a odiar, sino amar, y tarde o temprano mi barquito de papel volverá a navegar.

Ya no te quiero

Me dices que ya no me quieres, te digo cómo es posible, me dices que así pasa, que el amor se acaba. Te digo que no te creo, me dices que así es, que no hay vuelta de hoja, te pido que lo consideres, que eso me lastimaría mucho, mi vida a tu lado es lo que yo más disfruto, que ni en pesadillas eso llegué a pensar, que mi vida no está planeada sin ti, que nos demos otra oportunidad, dices que no, que no sea egoísta, que piense en tu ¡FELICIDAD! ¡Me quedo mudo, me miras como que le hablaras a un desconocido! Y me dices que ocupas espacio, que no quieres verme. Dos días antes me hiciste el amor como nunca, tal vez primero te despedías de mi cuerpo... O buscabas una excusa para quedarte, no lo sé, y ya no me interesa. Siete años directos al olvido.

Nunca más

Es noche de luna llena,
y esa grandeza besa
la media noche
del día del amor y la amistad.
La luna llena
no solo es para los enamorados,
esa gigante blancura
es también para los lobos,
para los locos que lo dudan todo,
para los corazones solitarios
como yo en esta noche de Febrero.
¿Te odio, sabes?
Te aborrezco,
por todos esos días
que has matado estando lejos de mí,
siendo culpable del quebranto
en mi desolado pecho.
Hace frío, mucho frío,
frío de dolor, de tristeza,
de vacío, de tu ausencia,
untada tengo la angustia y
la desesperación de saberte lejos,
llena de un destierro fiel.
El espejo está ensalivado
de amargura de tanto que hablo

con él, de hablar de ti,
y no cosas bellas, sino de toda tu negrura
y horrendo proceder.
Y aunque todavía me pudra,
no quiero jamás en mi vida
volverte a ver.

Lluvia ácida

El firmamento se pone muy obscuro, negro, vientos con mucha fuerza azotan mi tranquilidad. Lluvia ácida que cae y quema mi piel, dejando rastros con cada gota que recorre mi cuerpo.

Dolor y angustia, ya no puedo ver lo que hay delante de mí, ocupo más fuerza para sostener el entorno de las personas que amo, esta tormenta es muy fuerte y no debo soltar mi sangre por más fuerte que ésta sople.

Esto puede más que mi voluntad como ser humano, pero avanzo contra este vendaval de insensibilidades carnales. Caminos de espinas, ya antes recorridos por mis pies inocentes, todavía puedo ver las huellas del dolor, de las lágrimas y el sudor, ya disecadas por el tiempo y vientos negros.

No quiero que almas inocentes recorran esos caminos de aislamiento de un núcleo familiar, me rehúso a permitir, a mantenerme al margen de injusticias indebidas.

Los tomaré de la mano y los llevaré a donde solo la gente que conoce el destierro de unas vidas desintegradas, a donde solo existe amor, alegrías, risas y sobre todo mucha convivencia.

Pretendamos

Vamos a guardar esta noche en nuestros corazones, a pretender que no es la última, sino la primera.

Vamos a fingir que estamos enamorados como la primera vez en aquel salón de baile, cuando nos conocimos.

Vamos a imaginar que no nos hemos causado ningún daño. Vamos a hacer de cuenta que no me has engañado, ni que yo te he faltado.

Vamos a pretender juntos, los dos, en un silencio efímero y melancólico, que la felicidad y la vida tocan la puerta. Vamos en silencio a invitarlas a que pasen y se pongan cómodas, vamos tú y yo con un abrazo a atrapar la locura.

Vamos a pretender que con una mirada tocamos nuestras almas una vez más, que las acariciamos, que las entregamos mutuamente.

Vamos a pretender que con un beso detenemos el tiempo, detenemos la vida, y que atrapamos en una burbuja de pasión el universo entero. Solo cierra los ojos y pretendamos... solo por esta noche, y mañana te vas.

Dignidad

¿Por qué nos aferramos a quien ya no quiere compartir su vida a nuestro lado?

¿Por qué querer seguir con alguien que ya no quiere nuestro amor?

¿Por qué esa tendencia a ser fatalistas?

A pensar que ya no será lo mismo con nadie más. Estamos muy equivocados, la vida sigue, continúa, no se detiene, es como el tiempo, y ese es un lujo que no podemos darnos.

Dignidad, eso es lo que no debemos perder, y no mal interpretemos, el dolor y el sufrimiento son reales, muy reales, pero el querer sufrir, el querer seguir soportando el dolor, es opcional.

Dislexia

Tu dislexia para amar fue brutal, fatal, tu daltónica visión te cegó a lo hermosos que son los colores del amor.

Provocaste en mí un genocidio de sentimientos de amor por ti, una pandemia que exterminó todo vestigio y huella de tu efímero sentir hacia mí. Destrozaste mis puentes de ilusión, suicidaste mis burbujas de esperanzas y de alegría, de nuestro futuro, ahora ya estéril.

Fumigaste con tus desprecios mis sentidos de razón, provocaste una basca dentro de mí, arrugaste completamente mi alma y corazón, los exprimiste hasta el cansancio.

Taciturna quedó mi vida, pero sé que será fugaz y seguiré de frente, sé que me falta mucho por llegar, es prematuro, pero avanzo y disfruto del paisaje de este sendero que es el olvido.

Siempre

Cada vez que te vas de casa me quedo solo y triste, y más si discutimos. Cada vez que cierras la puerta a tu salida me vuelvo gris y me sumerjo más y más en esta angustia.

Y es que te amo tanto, demasiado, diría yo, me duelen hasta los huesos de tanto amor.

Pienso en ti en todo lugar, a cada momento, y me remuerde la conciencia el saber que me desespero y te desespero, y nos ponemos mal.

Perdona si digo cosas sin pensar, te prometo que es sin intención, no lo hago de corazón, sino de frustración del problema en turno.

Cuando estamos mal y nos hacemos daño y de repente estoy a solas, reapareces por mi mente y es que son tantas cosas que vivimos diariamente, que es imposible que actúe indiferente.

Tengo miedo, miedo de no verte, miedo de perderte, miedo de despertar solo, amor mío.

Perdona si te he faltado, perdóname por perder mi temperamento, trabajaré muy duro para cambiar, para mejorar, para no perderte, para estar contigo y amarte siempre.

Jeremías

Sigo alimentando los pajaritos en el parque de siempre, tu silla siempre la cargo conmigo, para no sentirme tan sola, para sentir de alguna forma que sigues a mi lado.

Los pajaritos juegan en ella, como si preguntaran por ti, a veces se anidan en tu silla, todos mustios, como que también te extrañan. Nuestros hijos me dicen que es fútil que cargue tu silla, y yo les digo que ya no la cargo, pero furtivamente la llevo siempre conmigo.

Mi vida cada vez se amaina más y más, la vida cada vez la veo con desdén, cada vez te siento más tangible y cerca.

Desde que cogiste el sueño eterno todo es lúgubre, mis soliloquios son constantes y cada vez siento deidades cerca de mí, te extraño mucho, viejo, no creas que esto es una apoteosis, ni mucho menos, solo que mi soledad es asaz y me siento sin acéfalo, sin brújula.

Cada día que pasa me siento un alfeñique y no quiero amolar a nadie, y para ser franca, me hacen mucha falta tus quejas y tus bellos poemas. Jeremías, no te desesperes, que pronto estaremos juntos y esta vez será para siempre, amado mío.

Débil sombra

Tenue fue tu paso por mi vida, aprendí tanto, pero me faltó más. Fuiste solo una débil sombra en mi entorno, me hiciste falta en la parte más difícil e importante, me privaste de tu presencia y enseñanzas.

Fuiste siempre como el viento, en busca siempre de primaveras nuevas, de frutas frescas y tiernas, tu egoísmo no tuvo precedentes y dejó abiertas heridas que ahora han cicatrizado, están curtidas.

Mis días y tu espacio quedaron en una zona abisal que ni la luz del día alumbraba, descuartizaste mi presente y futuro, con tu diurna partida, mis ojos niños fueron testigos de tu desdeño, patidifusas dejaste nuestras vidas.

Pero quiero decirte algo, que a pesar de que lapidaste nuestras vidas, la autora de mis días afiligranó tu sangre abandonada de una forma ejemplar, y aunque tu emancipada partida dejó ceñido nuestros corazones, te quiero con mi friable corazón sin ser comisorio.

Bullanga

A la distancia se escucha el sonido de una música que se amaina entre el sereno y la neblina nocturnal. El sonido navega por el viento frío de esta noche que cala hasta mis huesos.

Triki, traka, una y otra vez, ese relativo, amorfo sonido que proviene de alguna bullanga, o tal vez de un cahuín.

Yo aquí sigo esperando señales de ti, algo, lo que sea, dime algo, quiero saber de ti, estos días tus mensajes son muy frugales, menos intensos, y eso me induce a ser muy susceptible.

Mi ductilidad ya no me deja ser yo, me hago incauto a mis emociones, mis días son mustios, nimios sin tus caricias, sin tus mensajes de amor que tanto me llenan de esperanza y felicidad.

Y ese sonido sigue ahí, ellos bailan a lo lejos mientras yo me pierdo en este lúgubre sufrimiento, pero mientras quede un rescoldo de ti en mi corazón, seguiré esperando, a lo lejos, por tus señales de amor.

Globo blanco

Como un globo blanco me quedé en lo negro de tu obscuridad. Como un juguete viejo, abandonado debajo de la cama.

Para tu corazón fue más fácil olvidarme que recordarme, ¿por qué sería? No lo sé.

Como un borde de pizza fría que no quisiste masticar, me dejaste y no fue tu culpa, sino la mía, por no darme cuenta de que tu corazón estaba disecado y tus ojos deshidratados.

En el maletín de tus recuerdos estoy, asumiendo que puedo aspirar a eso en ti, claro, tal vez es mucho pedir.

Te di lo mejor de mí, mi tierno y noble corazón, te di mi pluma, que, aunque no es perfecta, era tuya, y lo más importante de lo que te di fue mi alma, que aunque con muchos borrones estaba blanca para ti, para que escribieras con la tinta de tu amor todo tu nombre y nuestra historia, sí, nuestra historia de amor tras bambalinas, esa que solo tú y yo conocimos.

Mano de amor

Qué suave y frágil es tu mano, qué tibia, cama de comodidad y tranquilidad.

Te pedí un beso y me obsequiaste tu mano, y por más que intento, no alcanzo a imaginar lo que sería descansar en tus labios, o dormir en el trigal de tus pechos.

Te pedí un beso y debí haberlo tomado, hay cosas entre una mujer y un hombre que no se piden.

Me has dado tu mano y eso significa mucho, entre tus ojos y tus manos me lo dijiste todo, y a un buen hombre, de esos que queremos todo, pocas palabras y tu mano es más que suficiente.

... Te amo.

Al final, tú y yo

Al final de las veinticuatro horas siempre seremos tú y yo.

Al apagar la luz se queda todo lo que no importa en tinieblas; el trabajo, la renta, tu madre y mi madre, y ese montón de hermanos criticones que tenemos. Nosotros somos lo bonito de nuestras vidas, vivimos y morimos juntos, nos odiamos y nos amamos.

No te mentiré, pero hay días donde no te soporto, donde te quisiera arrancar la cabeza, te amo así de mucho, porque si no te amara no me causarías ninguna emoción.

Al final del día siempre estaremos, sin importar lo malo o lo bueno, tú y yo y nadie más.

La Cita

Modesto Zepeda Jr.

Biografía

Modesto Iván Zepeda Jr.

Nace, el 27 de septiembre en Los Ángeles California, de ascendencia Mexicana, sus padres pertenecen al estado de Colima. Se desarrolló en una familia amante del cine, de la trova y de la buena música.

Desde muy corta edad empieza a dar rienda suelta a su talentosa imaginación y creatividad para concebir historias, personajes, coloquios, a estilo guion! mismos con los que entretenía a todos quienes lo rodeaban.

Retorna a Estados Unidos después de diez años de haberse manifestado como un excelentísimo creativo, para estudiar *"Producción de Video y Cinematografía"*, en el Instituto De Las Artes de Los Ángeles, Campus Santa Mónica, lugar en el cual se especializa en guiones, haciendo honor a la escritura creativa, puliendo de esta manera su magnífica destreza.

Modesto va en progreso de sus habilidades e ingresa en el internet, en donde es animado por sus amigos más cercanos para abrir una cuenta en la red social llamada Facebook compartiendo su inventiva narrativa, para posteriormente darse a conocer en la Poesía.

Modesto Zepeda Jr.

Made in the USA
Las Vegas, NV
09 April 2022

47139196R10105